T0389507

SUPERCARS
ALFA ROMEO 8C
COMPETIZIONE - SPIDER

Giorgio Nada Editore Srl

Coordinamento editoriale/Editorial manager
Leonardo Acerbi

Redazione/Editorial
Giorgio Nada Editore

Copertina, progetto grafico e impaginazione/Cover, graphic design and layout
Sansai Zappini

Post produzione immagini/Image editing
Nicola Dini

Traduzione/Translation
Neil Davenport

Fonti iconografiche/Picture sources
La maggior parte delle immagini pubblicate in questo libro sono state fornite dall'Editoriale Domus/Quattroruote.
In dettaglio:
The majority of the images published in this book were provided by Editoriale Domus/Quattroruote.
Specifically:

4-5, 19, 20-21, 23, 24 basso/bottom, 27, 28, 29, 30-31, 32-33, 34, 35, 36, 37, 39 basso/bottom, 40, 41, 42, 51, 52, 53, 54, 55, 56, 58, 67, 68, 69, 70, 71, 80, 81, 96-97, 105, 106, 107, 108, 109, 142, 143, 144-145, 146-147, 162, 163, 165, 166-167, 168.

Altre immagini provengono dai seguenti archivi
Further images were drawn from the following archives:
Archivio Giorgio Nada Editore (Fondo Novafoto-Sorlini)

Giorgio Nada Editore
Via Claudio Treves, 15/17
I – 20055 VIMODRONE MI
Tel. +39 02 27301126
Fax +39 02 27301454
E-mail: info@giorgionadaeditore.it
http://www.giorgionadaeditore.it

Allo stesso indirizzo può essere richiesto il catalogo di tutte le opere pubblicate dalla Casa Editrice. | *The catalogue of Giorgio Nada Editore publications is available on request at the above address.*

Distribuzione/Distribution:
Giunti Editore Spa
via Bolognese 165
I – 50139 FIRENZE
www.giunti.it

SUPERCARS: ALFA ROMEO 8C COMPETIZIONE - SPIDER
ISBN: 978-88-7911- 886-6

Ivan Scelsa

SUPERCARS
ALFA ROMEO 8C
COMPETIZIONE - SPIDER

GIORGIO NADA EDITORE

SOMMARIO / CONTENTS

Sembra ieri. Invece il 2003, guardandolo adesso, appartiene a un'epoca lontanissima. Non esistono social network: Facebook nasce l'anno successivo, YouTube addirittura nel 2005. Per dire, l'iPhone è del 2007. Instagram? Fantascienza. In quei primi anni Duemila il mondo viene scosso, più o meno consapevolmente, dal vento del cambiamento: viviamo letteralmente un altro tempo dentro uno spazio che sta progressivamente accelerando e che sta cercando di darsi una forma, un senso, una direzione. Un contesto apparentemente favorevole per immaginare. O per sognare, se hai un cuore alfista. E l'Alfa Romeo 8C Competizione Concept, presentata al Salone di Francoforte alla fine dell'estate del 2003, è esattamente quella cosa lì: un sogno. Ma in quel momento è un sogno dentro un incubo scuro, appiccicoso e denso.

Solo alcuni mesi prima di quella anteprima mondiale, nel suo periodo più nero, il Gruppo Fiat perde cinque milioni di euro al giorno, è stritolato dai debiti e fatica a imporsi anche sul mercato interno: senza giri di parole, per gli analisti è un malato terminale con i giorni contati. Più avanti, nelle pagine che seguono, Ivan Scelsa racconta cosa sia successo a Francoforte quel giorno di metà settembre del 2003 e, soprattutto, negli anni che sono venuti dopo: date, numeri, informazioni, storie, aneddoti, uomini, personaggi, successi, fallimenti, obiettivi, promesse, scommesse. Sfide soprattutto: non saremmo qui a parlare di 8C Competizione – e neppure di Alfa Romeo, probabilmente – se

alla guida del colosso torinese, nel 2004, non fosse arrivato Sergio Marchionne. È lui che salva il Gruppo, è lui che concede il via libera alla produzione in piccola serie della 8C Competizione, è lui che riporta la trazione posteriore all'Alfa Romeo.

Quando finalmente approda sul mercato, l'Alfa Romeo 8C Competizione diventa rapidamente una *instant classic* e chi non era riuscito ad accaparrarsela quindici anni fa, oggi se la contende a cifre ben più sostanziose di allora. L'ultima volta che ho fantasticato su una 8C Competizione in vendita mi trovavo a Essen, in Germania, durante l'ultima edizione di Techno Classica, nel marzo del 2022: nero extra serie con l'interno rosso, era stata consegnata in Belgio nel 2008 e i due premurosi precedenti proprietari avevano percorso complessivamente appena 20.808 chilometri. Richiesta: 275mila euro. Neanche un'esagerazione, verrebbe da dire, considerando che un anno dopo, proprio mentre state leggendo questo volume fresco di stampa, ce ne vogliono almeno 350mila…

Del resto, la 8C Competizione incarna i valori storici del marchio, è l'espressione tangibile di tutto ciò che fa di un'auto un'Alfa Romeo ed è autenticamente Alfa, per di più nobilitata da un motore di derivazione Maserati. Marchionne, in quegli anni lì, ripete, riferendosi alle attività del Gruppo, che «il nostro mestiere è fare automobili»: con la 8C dimostra non solo di saperle fare, ma anche di saper fare le Alfa Romeo. Che non è proprio la stessa cosa, siete d'accordo?

It could be yesterday. Instead, 2003 was actually part of a long-gone era. There were no social networks back then: Facebook was born the following year, YouTube in 2005. The iPhone only appeared in 2007. Instagram? Science fiction. In those early 2000s, the world was shaken, more or less consciously, by the winds of change: we really were living in a different time within a space that was progressively accelerating and trying to give itself form, sense and direction. An apparently favourable context for the imagination. Or for dreaming for the Alfisti at heart. The Alfa Romeo 8C Competizione Concept, presented at the Frankfurt Motor Show late in the summer of 2003, was nothing if not a dream. A dream that back then was however submerged in a dark, sticky, and dense nightmare.

In its darkest period, just a few months prior to that worldwide preview, the Fiat Group was losing five million Euros a day; it was strangled by debt and was even struggling to impose itself on the Italian domestic market. In short, the analysts saw it as a terminal patient whose days were numbered. Over the pages that follow, Ivan Scelsa will describe what happened at Frankfurt on that mid-September day in 2003 and, above all, over the subsequent years: dates, numbers, details, stories, anecdotes, men, characters, successes, failures, objectives, promises and wagers. Challenges above all: we would not be here talking about the 8C Competizione – and probably not even Alfa Romeo

itself – if in 2004 a certain Sergio Marchionne had not arrived at the helm of the Turin colossus. It was he who saved the group, it was he who signed off on the production of a limited edition of the 8C Competizione and it was he who brough rear-wheel drive back to Alfa Romeo.

When it finally came to market, the Alfa Romeo 8C Competizione became an instant classic and those who missed out 15 years ago are having to spend considerably higher sums to acquire one today. The last time I was fantasising about an 8C Competizione up for sale I was in Essen, Germany, during the last edition of Techno Classica, in the March of 2022: black custom paint with a red interior, it had originally been delivered to Belgium in 2008 and the two careful previous owners had covered a total of just 20,808 kilometres. Price: 275,000 Euros. Quite the bargain, you might say, considering that a year later, as you read this book hot off the press, you would need at least 350,000 Euros for the same car…

Then again, the 8C Competizione embodies the historic values of the marque; it is the tangible expression of everything that makes of a car an Alfa Romeo, and it is authentically Alfa, ennobled by a Maserati-derived engine. In reference to the group's business, Marchionne in those years would repeat "what we do is make cars": with the 8C he demonstrated not only that he knew how to make cars, but also how to make Alfa Romeos. Which is not quite the same thing, as I'm sure you'll agree!

Carlo Di Giusto

IN UNA SIGLA, LA STORIA DELL'ALFA

THE ALFA STORY IN A NAME

«Pensare al domani, senza dimenticare i successi di ieri. Ricordando grandi vittorie del passato attraverso il design e le prestazioni di una vettura senza eguali. Tradizione sportiva, passione italiana, ricerca tecnica. I valori che hanno fatto di Alfa Romeo una leggenda trovano la loro perfetta sintesi, rendendo l'evoluzione un'emozione da vivere. Nasce Alfa Romeo 8C Competizione. Il mito scende in strada. In Edizione Limitata».

Così, Alfa Romeo presenta la sua "filosofia" al lancio della vettura. Evocare nomi e sigle iconiche di un passato glorioso e vincente come quello dell'Alfa Romeo avrebbe potuto rappresentare un pericolo. Così non è… e lo si intuisce da subito. Facciamo un passo indietro. Dal punto di vista stilistico, l'automobile degli albori ha poco spazio per un frontale

"Thinking of tomorrow, without forgetting past glories. Commemorating the great victories of the past through the design and performance of a peerless car. Sporting tradition, Italian passion, technological research. The values that have made Alfa Romeo legendary find perfect synthesis here, rendering the evolution of an emotion to be experienced. The birth of the Alfa Romeo 8C Competizione. The legend takes to the road. In a Limited Edition."

This was how Alfa Romeo presented its "philosophy" at the launch of the car.

Evoking names and iconic symbols of a past as glorious and successful as Alfa Romeo's might have been perilous, although it is immediately clear that this not the case here.

che sia caratterizzato da una vera e propria identità, con un "muso" che è costituito da un radiatore cui viene affiancata la fanaleria. Le vetture si assomigliano molto tra loro e a caratterizzarle – almeno a prima vista – sono solo il logo e alcuni piccoli dettagli.

Lo spirito Alfa Romeo si è sempre alimentato di un istinto costante verso la perfezione tecnica, puntando a prestazioni sempre più elevate. Protagonisti assoluti di questa ricerca sono stati ovviamente soprattutto i motori, il cuore pulsante di ogni vettura, che hanno reso "prima attrice" la Casa sui tracciati e sulle piste di tutto il mondo dove l'Alfa ha saputo imporsi con straordinaria continuità.

La chiave di volta di questa evoluzione tecnica è stato il motore 8 cilindri, elaborato nella prima metà degli anni Venti da un giovane tecnico di nome Vittorio Jano, impegnato nel rinnovamento del più piccolo motore a 6 cilindri. Questo sia per rispondere alle esigenze degli acquirenti di quelle vetture

Let's take a step back. From the point of view of styling, the very earliest cars had little use for a front end characterised by a true identity, with a "nose" composed of a radiator grille flanked by headlights. The cars were very similar to one another and, at least at first sight, were only characterised by the badging and minor details.

The Alfa Romeo spirit has always been nourished by constant striving for technical perfection, aiming at ever higher performance. The great protagonists of this research were of course the engines, the beating heart of every car, which ensured that Alfa Romeo was at the forefront on tracks and circuits throughout the world, the company imposing itself with extraordinary continuity.

The key to this technological evolution was the eight-cylinder engine developed in the mid-Twenties by a young engineer, Vittorio Jano, who was working on a revision of the smaller six-cylinder unit. This was both to respond to the clients' de-

Vittorio Jano e la monoposto P2.
Il progettista lascia la Fiat
e giunge al reparto corse
del Portello grazie alle "abili
manovre" di Enzo Ferrari.
La nuova vettura debutterà,
vincendo, al Gran Premio
di Lione del 1924, per poi
aggiudicarsi il primo
Campionato del Mondo per
vetture Grand Prix del 1925,
che varrà la corona d'alloro
destinata poi ad adornare
il Marchio Alfa Romeo.

Vittorio Jano and the P2 single-seater. The designer left Fiat and joined the Portello's racing department thanks to Enzo Ferrari's "able manoeuvring". The new car was to make its victorious debut in the 1924 Grand Prix de l'ACF in Lyon, going on to win the World Championship for Grand Prix cars in 1925, hence the laurel wreath that has since adorned the Alfa Romeo badge.

che oggi definiremo "di serie" sia per contrastare gli agguerriti assalti delle Case rivali nelle competizioni.

Il primo collaudo di una vettura 8C avviene nel 1923 con la P1, già dotata di compressore e doppia accensione, poi con la sua erede, l'Alfa Romeo P2. L'esordio non avrebbe potuto essere migliore con la P2 che nel 1925 si aggiudica la vittoria nel primo Campionato del Mondo.

Gli effetti positivi di queste innovazioni non si limitano ai motori delle vetture di produzione ma presentano risvolti importanti anche dal punto di vista commerciale, con un risultato anche visivo che si traduce nell'alloro inserito, sotto forma di corona, all'interno dello stemma Alfa Romeo che caratterizzerà, da quel momento, tutte le vetture prodotte dalla Casa del Portello.

Ma nel decennio successivo l'identità del Marchio comincia a prender forma con stilemi che diverranno classici negli anni a venire. Avviene, *in primis*, con tre vetture particolarmente importanti che pongono le basi per consolidare il prestigio dell'Alfa: la 6C 1750, la 8C 2300 e la 8C 2900 B, auto "di serie" vendute al pubblico, che vantano prestazioni quanto mai rilevanti.

Le vetture del Portello non sono accessibili a tutti, questo è noto. Per poter acquistare uno di quei modelli occorre investire oltre 60mila lire per la 6C 1750, quasi 100mila per la 8C 2300 e oltre 115mila lire per la 8C 2900 B. Sono cifre davvero importanti, proibitive per i più, soprattutto in considerazione

L'Alfa Romeo Tipo B custodita al Museo di Arese. Motore 8 cilindri in linea, telaio a longheroni e traverse in lamiera di acciaio. La cilindrata di 2654 cc e 215 CV di potenza garantivano oltre 230 km/h di velocità massima.

A portarla in trionfo, nel Gran Premio d'Italia del 1932, Tazio Nuvolari. In basso, in uno scatto del 1931, il pilota Marinoni collauda la Tipo A, vettura 6 cilindri da 1752 cc. Accanto, la Tipo B sulla copertina dell'annuario Scuderia Ferrari 1930-1933.

The Alfa Romeo Tipo B conserved in the museum at Arese. Straight-eight engine, sheet steel chassis with longerons and cross members. The displacement of 2654 cc and a power output of 215 hp guaranteed a maximum speed of over 230 kph.

It was driven to victory in the 1932 Italian Grand Prix by Tazio Nuvolari. Bottom, in a photo from 1931, the driver Marinoni testing the Tipo A, a six-cylinder car displacing 1752 cc. Bottom, right, the Tipo B on the cover of the Scuderia Ferrari annual 1930-1933.

mand for what we would today define as standard production cars, and to contrast the fierce assault of rival companies in racing.

The first test for an 8C car came in 1923 with the P1, a car that already boasted a supercharger and dual ignition, and then with its heir, the Alfa Romeo P2. The debut of this last could hardly have gone better and in 1925 it won the first World Championship.

The positive effects of these innovations were not restricted to the engines of production cars, but also represented important turning points from a commercial point of view too, with visual detailing in the form of a crown that was to characterise all the cars produced by the Portello firm from then onwards.

It was over the following decade that the identity of the marque began to crystalize with motifs that were to become classics. This took place first and foremost with three particularly important cars that laid the basis for the consolidation of Alfa's reputation: the 6C 1750, the 8C 2300 and the 8C 2900 B, all "production" cars on sale to the public and all boasting remarkable performance.

It can hardly be denied that the cars from the Portello were not accessible to all. Purchasing one of those models required the investment of more than 60,000 Lire for the 6C 1750, almost 100,000 for the 8C 2300 and more than 115,000 for the 8C 2900 B. However, alongside these elite models, Alfa also produced racing cars that achieved legendary status, winning over the public and claiming numerous victories.

del fatto che la motorizzazione di massa è ancora lontana. Ma accanto a quelle elitarie vetture, l'Alfa propone auto da competizione che diventano leggendarie, conquistando non solo il pubblico ma anche numerose vittorie.

Gli affidabili e potenti motori 8 cilindri che equipaggiano eleganti cabriolet e coupé disegnate dai più importanti carrozzieri (si pensi ai milanesi Zagato, Castagna e Touring) "ruggiscono" fra la polvere di gare come la Mille Miglia e la Targa Florio, che vanno ad arricchire un impressionante palmarès di piazzamenti e vittorie assolute. Menzione particolare meritano le travolgenti vittorie del 1931, 1932, 1933 e del 1934 a Le Mans dell'Alfa Romeo 8C

The reliable and powerful eight-cylinder engines that equipped elegant cabriolets and coupés designed by the most important coachbuilders (including the Milan firms Zagato, Castagna and Touring) "roared" through the dust of races such as the Mille Miglia and the Targa Florio and accumulated a remarkable roll of honour made up of placings and overall victories. Of particular note were the dominant victories in 1932, 1932, 1933 and 1934 at Le Mans for the Alfa Romeo 8C (then named as the "Le Mans" to commemorate this remarkable success).

The pinnacle of technical development achieved with the 8-cylinder units is the one fitted to the

La 8C 2900 B carrozzata Touring Superleggera dell'equipaggio Romano-Biondetti, vincitrice alla Mille Miglia del 1947. Motore longitudinale verticale 8 cilindri in linea, telaio a longheroni e traverse a scatola saldati. Oggi è considerata una delle vetture più eleganti mai prodotte al mondo.

The Touring Superleggera-bodied 8C 2900 B driven by the Romano-Biondetti crew, winner of the 1947 Mille Miglia. Longitudinal, vertical straight-eight engine, welded box section chassis with longerons and cross members. Today, the example is considered to be one of the most elegant cars ever built.

(chiamata poi "Le Mans" proprio per la eco di quei travolgenti successi).

Il culmine del livello tecnico raggiunto con gli 8 cilindri è il motore dell'Alfa Romeo Tipo B, chiamata anche P3 per evidenziare il *continuum* tecnologico con le precedenti vetture. Campari, Nuvolari, Caracciola, Borzacchini, Marinoni, Guidotti, Fagioli sono solo alcuni dei campioni che legano i loro successi a questo motore sui circuiti di tutto il mondo, sia nella versione del 1932 che in quella del 1934.

Nel ventennio in cui le Alfa Romeo assumono nel proprio nome l'indicazione dei cilindri di cui il propulsore è dotato, la produzione dei modelli "di serie" è ancora artigianale, fatta da ingegneri e maestranze competenti che dell'avanguardia tecnica e delle prestazioni hanno fatto una bandiera da esportare sui più importanti campi di gara ai quattro angoli del mondo.

L'evoluzione e la costante ricerca tecnica raggiungono l'apice anche nelle competizioni con l'8C 2900,

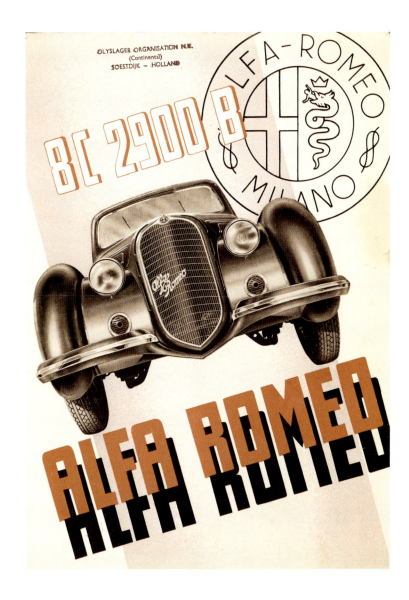

Alfa Romeo Tipo B, also known as the P3 to highlight the technological continuum with the previous cars. Caracciola, Borzacchini, Marinoni, Guidotti, and Fagioli are just a few of the great drivers whose careers are bound up with this engine on circuits around the world, both in 1932 version and that of 1934.

In the 20-year period in which the names of the Alfa Romeos indicated the number of cylinders of their engines, the production of "standard" models was still organized on a craft basis, with engineers and skilled workers who made of avant-garde technology and performance a banner to be flown at the world's most important racing circuits.

Technological evolution and research also peaked in racing with the 8C 2900, the uncontested dominator in the second half of the 1930s, from the Mille Miglia to the Le Mans 24 Hours where, in 1938, Clemente Biondetti drove a Touring bodied example created specifically for that race.

Uno dei manifesti diffusi all'epoca dall'Alfa Romeo per pubblicizzare la nuova 2900 B che aveva proprio nell'inconfondibile forma della griglia anteriore uno dei suoi tratti più caratteristici. Questa automobile sarà grande protagonista nelle corse – 24 Ore di Le Mans compresa – negli anni a ridosso del secondo conflitto mondiale.

One of the posters distributed at the time by Alfa Romeo to publicise the new 2900 B, one of the most distinctive features of which was the unmistakable shape of the front grille. This car was to be a great protagonist of the races – Le Mans 24 Hours included – held in the years running up to the Second World War.

incontrastata dominatrice nella seconda metà degli anni Trenta, dalla Mille Miglia alla 24 Ore di Le Mans dove, nel 1938, a portare in gara una 8C carrozzata Touring appositamente realizzata per quella corsa fu Clemente Biondetti.

Quanto mai significativa è la longevità di questo motore che, nel 1947, è ancora capace di conquistare la Mille Miglia, sulla 8C 2900 B di Biondetti-Romano, dimostrando – ancora una volta, su un percorso quanto mai arduo – la straordinaria potenza ed affidabilità dei propulsori prodotti dall'Alfa Romeo.

La Seconda guerra mondiale interrompe questa inarrestabile serie di vittorie della Casa, con una produzione che si converte quasi interamente alla causa bellica. Dopo la monoposto 158 – autentico anello di congiunzione fra gli anni prebellici e il Dopoguerra – è quindi il momento della mitica 159, un'auto che rappresenta un concentrato di alta scuola motoristica, sempre all'insegna dell'8 cilindri, una vettura che è stata sintetizzata dal pilota argentino

What was particularly important was the longevity of this engine, still capable of winning in the Mille Miglia in 1947, fitted to the 8C 2900 B of Biondetti and Romano and demonstrating, once again, over an incredibly gruelling route, the extraordinary power and reliability of the engines produced by Alfa Romeo.

The Second World War interrupted this otherwise unstoppable series of victories for the marque, with production being almost entirely converted to materials for the war. Following the 158 single-seater – an authentic link between the pre- and post-war cars – it was the turn of the legendary 159, a car representing a concentrate of automotive high technology, still an eight-cylinder, a car that was described by the Argentine driver Juan Manuel Fangio in a phrase that has become part of Alfa folklore when he compared driving the 159 to "holding the bow of a Stradivari".

Il motore 8 cilindri di appena 1479 cc equipaggerà sia la 158 che la 159, due vetture Gran Prix che tra il 1950 e il 1951 riporteranno nelle competizioni l'Alfa Romeo, in particolare nel primo Campionato del Mondo di Formula 1, aggiudicandosi in entrambe le stagioni il titolo iridato. 8C da 425 CV a 9300 giri/min: è l'evoluzione del motore che porta la vettura di Fangio al trionfo in tre gare su otto nel Campionato 1951, vinto in una rocambolesca ultima prova, nel Gran Premio di Spagna.

The eight-cylinder engine displacing just 1479 cc was to equip both the 158 and the 159, two Grand Prix cars that between 1950 and 1951, took Alfa Romeo back to the motorsport heights, winning the new Formula 1 World Championship in both seasons. 8C producing 425 hp at 9300 rpm: the evolution of the engine that powered Fangio's car to victory in three of the eight races in the 1951 Championship, won in dramatic final race, the Spanish Grand Prix.

Più che un'automobile, un'autentica scultura su quattro ruote: è l'Alfa Romeo 33 Stradale, firmata da Franco Scaglione per la carrozzeria Marazzi e apparsa in anteprima alla mostra delle vetture da competizione, a Monza, nel settembre del 1967.

Rather than a car, a true rolling sculpture: the Alfa Romeo 33 Stradale, designed by Franco Scaglione for the Marazzi coach-building firm and previewed at the Monza Racing Car show in September 1967.

Juan Manuel Fangio in una frase passata alla storia, che paragonava la guida della 159 al «tenere fra le mani l'archetto di uno Stradivari».
Portate al successo da Nino Farina nel 1950 e proprio da Fangio nel 1951, le 158 e 159 sono state le due ultime vetture Gran Prix a consegnare al Marchio i primi due Campionati mondiali della Formula 1 moderna.
Ma a legare i motori più sportivi al termine "Competizione" è stata in particolare la 6C 2500, l'indimenticabile berlinetta con cui Franco Rol e Richiero ottengono il terzo posto alla Mille Miglia del 1949, poi replicato dalla coppia Fangio-Zanardi nell'edizione dell'anno seguente. Il palmarès di quella vettura riporta anche la vittoria di Rol alla Coppa Acerbo del 1949, la Targa Florio/Giro di Sicilia del 1950, con i fratelli Bornigia e, lo stesso anno, la Coppa Intereuropea di Monza con Consalvo Sanesi.

The 158 and 159 enabled Alfa Romeo to claim the first two World Championship titles of the modern Formula 1 era with Nino Farina in 1950 and Fangio himself in 1951, the last of marque's single-seaters to enjoy such success.
However, the car that most closely associated the term "Competizione" with the most sporting engines was the 6C 2500, the unforgettable berlinetta with which Franco Rol and Richiero claimed third place in the 1949 Mille Miglia, a feat replicated by the Fangio-Zanardi pairing the following year. The car's roll of honour also features Rol's victory in the Coppa Acerbo in 1949, the Targa Florio/Giro di Sicilia in 1950, with the Bornigia brothers and the Coppa Intereuropea at Monza with Consalvo Sanesi that same year. This is the car that has been unanimously recognised as the source of inspiration

È proprio lei l'auto che unanimemente viene riconosciuta come quella che è stata fonte di ispirazione per il nome dell'ultima 8C Competizione, la cui sigla composita non è affatto frutto di fantasia ma piuttosto segno distintivo della storia sportiva del Marchio, una storia nata e cresciuta tra le strade polverose e l'asfalto delle piste internazionali fino ai primi anni Cinquanta.

Dopo una breve assenza dalle competizioni, nel 1967 è ancora una volta il momento dei potenti motori 8 cilindri, quelli che equipaggiano le mitiche Alfa Romeo 33 da corsa e che caratterizzano inoltre le forme affascinanti e grintose della 33 Stradale (poi riprese proprio dalla 8C Competizione, *NdA*).

for the latest 8C Competizione, the composite name of which is not so much the fruit of a marketing department's imagination, but rather drawn from the sporting history of the marque, history that was born and developed on the dusty roads and the asphalt of international tracks through to the early Fifties.

After a brief absence from racing, 1967 saw a new generation of powerful eight-cylinder engines fitted to the legendary 33 series of racing cars and the thrilling, muscular forms of the 33 Stradale (later reprised with the 8C Competizione, *A.N.*).

A team, a ten-year career, and the conquest of two world championship titles. The story of the 33 designed at Arese – and then adopted by Carlo

Il progetto 33 Stradale ha una notevole influenza sul design e sull'efficienza aerodinamica della 8C Competizione. Diversi i dettagli estetici d'ispirazione per la nuova Gran Turismo di Arese sebbene, però, sia la Montreal l'ultima vettura 8 cilindri commercializzata dall'Alfa Romeo.

The 33 Stradale project had a significant influence on the design and aerodynamic efficiency of the 8C Competizione. Various styling details inspired the new GT from Arese, but the Montreal was the last eight-cylinder car to be launched by Alfa Romeo.

L'immagine della 8C Competizione deve riprendere la sottile linea rossa della tradizione del Marchio, sottolineandone il DNA. Occorre ricollocare l'Alfa Romeo tra i più importanti costruttori di vetture da sogno con una *instant classic* che rappresenti la bellezza e il Made in Italy.

The image of the 8C Competizione had to reprise the slim red line of the marque's tradition, emphasising its DNA. Alfa Romeo had to restored to the ranks of the leading dream car constructors with an instant classic that would represent beauty and the Made in Italy phenomenon.

Una squadra, dieci anni di carriera e la conquista di due mondiali. Quella delle 33 progettate ad Arese – poi adottate dall'Autodelta di Carlo Chiti – è una storia contrassegnata da evoluzione tecnica e da un susseguirsi di versioni, vittorie, sfide e anche delusioni, con un debutto entusiasmante: il successo di Teodoro Zeccoli sulla 33/2 Sport Prototipo, nella gara in salita di Fléron, in Belgio, nel 1967. Nel corso degli anni Settanta, altre vetture Tipo 33 si aggiudicano successi sui circuiti di tutto il mondo. Questa perfezione di tecnica viene trasferita poi in auto di serie come la Montreal, modello di grande prestigio ed elevatissime prestazioni proprio grazie al motore 8 cilindri derivato dalle 33 da competizione. Tra l'altro, nel 1977, il motore viene montato anche su una serie limitata di Alfetta GTV realizzata proprio dall'Autodelta che, in questo modo, continua la tradizione sportiva applicata alla produzione dei propulsori della Casa.

Chiti's Autodelta – is a story marked by technical evolution and a sequence of versions, victories, challenges (and disappointments), with a stunning debut: Teodoro Zeccoli's 1967 victory in the 33/2 Sports Prototype in the Fléron hillclimb in Belgium.
During the course of the 1970s, further versions of the Tipo 33 enjoyed success on circuits throughout the world. This technical sophistication was later transferred to production cars such as the Montreal, a prestigious model with high performance deriving from its eight-cylinder engine derived from the racing 33. In 1977, moreover, the engine was also fitted to a limited series of the Alfetta GTV which was also built by Autodelta and represented a continuation of the sporting tradition applied to the marque's production engines.
This profound link with the values of Alfa Romeo's history makes the adoption of the "Competizione"

* ALCANTARA

* PELLE

* CUCITURA "DOPPIA RIBATITURA"

* SUPPORTO COSCE

* SUPPORTO GUIDE IN ALLUMINIO

Proprio questo profondo legame con i valori della storia Alfa Romeo rende ancor più importante l'adozione del nome "Competizione": proiettato verso il futuro, diventa dinamismo e costante ricerca di eccellenza, di competitività e di innovazione tecnologica. Nel contempo si chiarisce subito anche il ruolo della nuova sportiva, che non va intesa come un punto di arrivo ma come un punto di partenza per riaffermare l'unicità del Marchio, la sua capacità di coniugare l'efficacia del design e dell'aerodinamica, oltre all'esaltazione del piacere di guida.

Quest'aurea di leggenda è ciò che caratterizza l'immagine stessa della 8C Competizione, la prima vettura del nuovo millennio a riprendere quella sottile linea rossa che, dagli anni Venti, attraversa i decenni per diventare il DNA stesso del Marchio, con una *instant classic* capace di catalizzare l'attenzione su di sé sin dalla sua presentazione e che colloca – ancora una volta – l'Alfa Romeo tra i più importanti costruttori di vetture da sogno.

L'Alfa rappresenta "la bellezza" della vettura italiana, un'icona unanimemente riconosciuta a livello internazionale, simbolo di un intero Paese, del suo stile di vita, della passione e della vivacità del suo carattere. È come se rappresentasse un po' quell'eterna idea di "dolce vita" che dal Dopoguerra emerge prepotente e inarrestabile fino agli anni Sessanta, in un periodo che vede nascere alcune delle vetture più iconiche della storia della motorizzazione.

Ma la bellezza di un'Alfa Romeo è figlia di design e meccanica, di prestazioni ottenute attraverso soluzioni tecniche e dinamiche di guida che esulano dalla sola presenza di un motore poderoso. Un otto cilindri, appunto: quello della 8C Competizione.

name all the more significant: projected towards the future, it evokes dynamism and a constant search for excellence, competitiveness, and technological innovation. In the meantime, the role of the new sportscar became clear, with the model being seen not as a point of arrival but rather a point of departure that would help reaffirm the unique qualities of the marque, its capacity for combining design and aerodynamic efficiency along with driving pleasure.

This aura of legend is what characterised the very image of the 8C Competizione, the first car of the new millennium to take up that thin red line that, from the Twenties onwards, traversed the decades and became part of the marque's DNA, with an instant classic capable of focussing attention on itself right from its launch and which once again places Alfa Romeo among the leading constructors of dream cars.

Alfa represents the "beauty" of the Italian car, an icon recognised throughout the world, the symbol of an entire nation, of its style of life, of the passion and vivacity of its character. It is as if it represented something of that eternal idea of the "dolce vita" that from the post war years emerged forceful and unstoppable through to the Sixties, in a period that saw the birth of some of the most iconic cars in automotive history.

However, the beauty of an Alfa Romeo is the fruit of design and mechanical engineering, of performance obtained through technical features and driving dynamics that mean there is so much more to the car than a powerful engine. An eight-cylinder, in fact: that of the 8C Competizione.

L'Alfa rappresenta "la bellezza", universalmente riconosciuta come simbolo di un Paese, del suo stile di vita, della passione e della vivacità del suo carattere. È come se rappresentasse quell'idea di "dolce vita" che dal Dopoguerra emerge prepotente e inarrestabile fino agli anni Sessanta, in un periodo che vede nascere alcune delle vetture più iconiche della storia della motorizzazione.

Alfa represents that "bellezza" universally recognised as the symbol of a country, of a style of life, of the passion and vivacity of its character. It is as if it represented that idea of the "dolce vita" which emerged powerfully and unstoppably after the war and through to the 1960s, a period that saw the launch of some of the most iconic cars in automotive history.

8C CONCEPT (2003)

I nuovo millennio si apre con buone prospetti-ve per la Casa di Arese che, diversamente dalle sorelle Fiat e Lancia, gode di una gamma di mo-delli che, seppur non vastissima, ha la capacità di donare competitività al Marchio, facendo registrare immatricolazioni in fortissima ascesa. In questo, la 156 prima e la 147 dopo fanno da traino, ponendo l'accento su un piano commerciale indiscutibilmente vincente, che contrasta con il parziale successo – dovuto in pre-valenza all'aspetto stilistico – dell'ammiraglia 166. n un sussulto d'orgoglio, nonostante il periodo di crisi e la scelta non premiante dell'alleanza industriale stra-egica con la General Motors (che ha sottoscritto una partecipazione del 20% in Fiat Auto in cambio di azioni della stessa GM per una quota del 5,1%, poi ritrattato nel 2004 a causa delle condizioni critiche in cui versa l Gruppo italiano), al 60° Salone dell'Automobile

Going into the new millennium prospects were bright for the Arese-based marque as, in contrast with its Fiat and Lancia sisters, it had a range of models that while not particularly wide ensured that it was com-petitive and enabled strong growth in the number of registrations. The 156 firstly and then the 147 were driving this growth, placing the accent on a commercial strategy that was indisputably positive and which contrasted with the only partial success – largely due to its styling – of the flagship 166. With a burst of pride, despite the period of crisis and the unrewarding choice of a strategic industrial alliance with General Motors (with the US major underwriting a 20% stake in Fiat Auto in exchange for 5.1% hold-ing in GM itself, later retracted in 2004 due to the critical condition of the Italian group), Alfa Romeo

L'architettura del modello disegnato al Centro Stile è pulita, senza fronzoli né linee aggiunte e rappresenta la possibilità di poter tornare a lavorare su progetti dal gran valore concettuale.

The architecture of the model designed at the Styling Centre was clean, with neither gimmicks nor superfluous lines, and represented an opportunity to get back to work on projects with a great conceptual value.

Francoforte di settembre 2003, l'Alfa Romeo presenta la concept della 8C Competizione, una coupé dalle forme sinuose, nata sotto la direzione di Wolfgang Egger, da poco a capo del Centro Stile.

Egger è un giovane stilista bavarese che ha studiato design industriale a Milano, iniziando a lavorare in Alfa Romeo con uno stage e diventando subito l'allievo prediletto di Walter de Silva di cui, alcuni anni dopo, erediterà l'incarico.

Sono anni in cui creatività e nuovo spirito di squadra pervadono il Centro e danno vita a progetti dal grande valore concettuale: sono il concept Kamal e, ovviamente, il supersportivo concept di 8C Competizione, che subisce una forte accelerazione nei lavori per arrivare puntuale all'appuntamento con il Salone di Francoforte. In tal senso, è proprio Egger a spiegare come si decide di lavorare su superfici, su tensione della muscolatura e su movimento dei volumi, con un

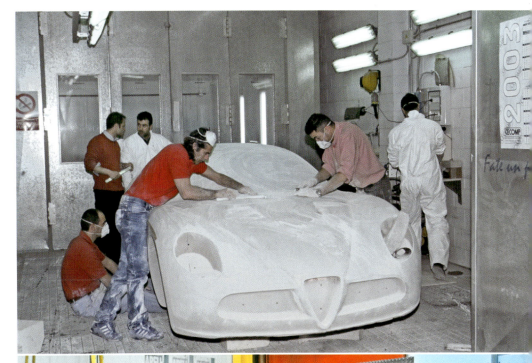

presented the 8C Competizione concept at the 60th Frankfurt Motor Show in September 2003, a sinuous coupé born under the direction of Wolfgang Egger, who had recently become head of the marque's Styling Centre.

Egger was a young Bavarian stylist who had studied industrial design in Milan and who joined Alfa Romeo on an internship, immediately becoming the favourite pupil of Walter de Silva, whose position he would inherit a few years later.

These were years in which creativity and a new team spirit pervaded the Centre and gave rise to projects of great conceptual value: these included the Kamal concept and, of course, the high-end 8C Competizione sports car concept, work on which was sharply accelerated to arrive on time for the Frankfurt Motor Show. Egger himself has explained that it was decided to work on surfaces, on the tension of the musculature and movement of the volumes, with a high roof line, a very taut and protective arch and, obviously,

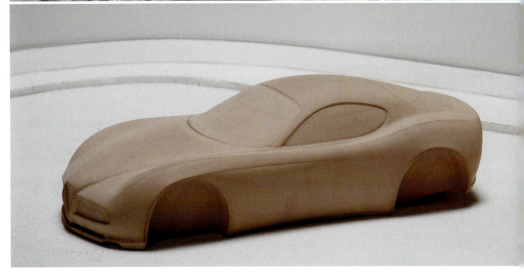

padiglione alto, un arco molto teso e protettivo e, ovviamente, con spalle possenti ad assicurare e comunicare sicurezza, robustezza. In tal modo, rimettendo in ordine gli elementi che avrebbero dovuto caratterizzare la produzione a venire e nel contempo segnando un nuovo "punto di partenza", nasce la capostipite per le Alfa Romeo del futuro, "un'ammiraglia di contenuti e versatilità", ideale anche per l'uso nel tempo libero, divertente e dalla forte connotazione glamour.

Storia, tradizione e linguaggio Alfa Romeo. Sono parole del dizionario del Marchio che, mescolandosi con altri elementi importanti, forniscono al Centro Stile una direzione sulla quale lavorare e che, solo in seconda

with powerful shoulders to ensure and communicate safety and robustness.

In this way, by revising those elements that were to characterise the products to come while at the same time marking a new "point of departure", the progenitor of the Alfa Romeos of the future was born, "a flagship for contents and versatility", ideal for recreational use, fun and with a healthy dose of glamour.

The Alfa Romeo history, tradition and language. Words drawn from the dictionary of the marque that, combined with other fundamental elements, provided the Styling Centre with a direction in which to work and that only later were combined with others that were more common and shared

A guidare il gruppo di lavoro è un giovane Wolfgang Egger. Exterior Designer del progetto è Daniele Gaglione che da un contributo fondamentale al progetto 8C, uno degli ultimi di quella squadra che, dopo poco, si trasferirà a Torino.

The working group was led by a young Wolfgang Egger. The project's exterior designer was Daniele Gaglione who made a major contribution to the 8C, one of the last of the team who was shortly to move to Turin.

battuta, si mescolano con altre più comuni, proprie di diverse Case: dinamismo, proporzioni ed agilità.

Il progetto 8C Competizione rappresenta per Egger la possibilità di tornare a lavorare su progetti dal gran valore concettuale, analizzando e trasformando l'essenza di quel concetto di "sportività Alfa Romeo" in cui ha sempre creduto e che, di fatto, diventa spinta per il progetto stesso. L'elegante architettura del modello (pulita, senza appendici né linee aggiunte) convince subito e la creatività dei designer non manca l'appuntamento: un importante trilobo frontale (il biglietto da visita di un'Alfa Romeo, necessariamente e immediatamente riconoscibile), proiettori carenati ispirati alla supersportiva 33 Stradale del 1967 disegnata da Scaglione, una presa d'aria nata su richiesta di un collezionista e futuro cliente diventano tra i principali tratti distintivi che, con forme armoniche e sinuose, accontenteranno solo poche centinaia di fortunati che – quattro anni dopo – se l'aggiudicheranno ben prima della sua entrata in produzione.

by other manufacturers: dynamism, proportion and agility.

For Egger, the 8C Competizione project represented the possibility of getting back to working on designs of great conceptual value, analysing and transforming the essence of the "Alfa Romeo sporting nature" in which he had always believed and which effectively became the driving force behind the project. The designers' creativity proved up to the task with the car's elegant architecture (clean, free of appendices and superfluous lines) immediately convincing: an imposing trilobe front end (the calling card of an Alfa Romeo, necessarily and immediately recognisable), faired headlights inspired by those of the 33 Stradale supercar from 1967 designed by Scaglione, and an air intake created at the behest of a collector and future client became some of the principal distinguishing features which, with harmonious and sinuous forms would be the prerogative of the few hundred fortunate clients who – four years later –

«Design elegante, sensuale, unico. Con una linea forgiata intorno alle ruote, che si sviluppa con la possente muscolatura laterale.
La leggerezza della fibra di carbonio, la pulizia delle forme, le misure compatte sono i risultati di una ricerca concettuale volta a dare una forma alla perfezione. Per offrire sensazioni di puro piacere, alla vista e alla guida».

"An elegant, sensual unique design. With a line traced around the wheels that develops into powerful lateral musculature. The lightness of carbonfibre, the cleanness of the forms, the compact dimensions are the results of conceptual research into lending shape to perfection. To offer sensations of pure pleasure, to the eyes and at the wheel."

Le linee pulite e originali di questa due posti dalle dimensioni generose sviluppano una lunghezza di 4.278 mm, una larghezza di 1.900 mm, un passo di 2.595 mm e un'altezza di 1.250 mm.

«Design elegante, sensuale, unico. Con una linea disegnata intorno alle ruote, che si sviluppa nella possente muscolatura laterale. La leggerezza della fibra di carbonio, la pulizia delle forme, le misure compatte sono i risultati di una ricerca concettuale volta a dare una forma alla perfezione. Per offrire sensazioni di puro piacere, alla vista e alla guida».

E in effetti, la grande dinamicità delle forme della vettura è data da quel "solco" in tangenza al passaruota anteriore verso la fiancata dominata da cerchi importanti per dimensioni, alloggiati in muscolosi parafanghi che, soprattutto nel posteriore, accentuano la personalità e la forza trasmessa dall'auto all'osservatore senza però scalfirne l'eleganza.

Egger scopre l'ampio e aggressivo cofano motore, lasciando intravedere la versione più moderna e ristilizzata del "trilobo Alfa" che caratterizzerà la nuova produzione della Casa. Il concept di 8C Competizione è ormai realtà e, sin dalle prime foto, se ne intuisconole potenzialità.

Egger discovered the long, aggressive bonnet, leaving a glimpse of the more modern and stylised version of the "Alfa trilobe" which characterised the marque's latest products. The 8C Competizione prototype was by now a reality, and its huge potential was evident from the very first photographs.

were to lay claim to an example well before the model went into production.

The sleek and original lines of this generously dimensioned two-seater developed over a length of 4278 mm, a width of 1900 mm, a wheelbase of 2595 mm and a height of 1250 mm.

"An elegant, sensual unique design. With a line traced around the wheels that develops into powerful lateral musculature. The lightness of carbonfibre, the cleanness of the forms, the compact dimensions are the results of conceptual research into lending shape to perfection. To offer sensations of pure pleasure, to the eyes and at the wheel."

Indeed, the extreme dynamism of the forms of the car derives from that tangential groove leading from the front wheel arch along the flanks dominated by large wheels housed in muscular wings that, especially at the rear, accentuate the personality and power transmitted to the car by the observer without detracting from its elegance.

Le linee della concept 8C sono morbide, davanti come dietro, e trasmettono tutto il temperamento dell'auto in un equilibrio stilistico che è sintesi di audacia in tanti particolari, dalla fanaleria posteriore incastonata nel paraurti e che richiama quella rotonda della Giulia TZ, dallo stesso disegno del posteriore (che ricorda quello della Giulietta SZ del 1961), a quello del lunotto che occupa la superficie posteriore e avvolge parzialmente i montanti laterali. E ancora: Disco Volante del 1952, Giulietta Sprint Coupé del 1954 e Giulietta Sprint Speciale del 1957. Tutto, nel suo disegno, è un tributo a una precisa epoca del car design.

Davanti, l'ampio cofano dà l'impressione di aggredire la strada, anche grazie a due nervature che disegnano una freccia, culminante in una versione più moderna e ristilizzata del "trilobo Alfa".

The lines of the 8C concept are soft, both front and rear, and evoke the temperament of a car in a stylistic equilibrium that is an audacious synthesis of numerous details, from the rear lighting clusters set into the bumpers and recalling the round lights of the Giulia TZ, from the design of the rear end itself (referencing that of the Giulietta SZ from 1961), to that of the extensive rear screen which partially envelops the rear pillars. And then there are the Disco Volante from 1952, Giulietta Sprint the Giulietta Sprint Coupé from 1954 and the Giulietta Sprint Speciale from 1957. Everything in the design of this car is a tribute to a precise era of automotive styling. At the front, the large bonnet appears to attack the road, thanks in part to two crease lines creating an arrowhead and culminating in a more modern, restyled version of the "Alfa trilobe".

Linee sinuose, armoniose, ammalianti. Trasmettono tutto il temperamento di un'auto in un equilibrio stilistico che è sintesi di audacia. Il riposizionamento degli elementi frontali distintivi del Marchio rappresenta un'altra importante caratteristica, non solo dal punto di vista storico ma anche stilistico ed evolutivo per quel nuovo *family feeling* con i modelli che verranno presentati negli anni a venire.

Sinuous, harmonious, bewitching lines. Lines that transmit all the temperament of a car in a stylistic equilibrium that is the synthesis of audacity. The repositioning of the marque's distinctive frontal elements represented another important characteristic, from a historical but also a stylistic and evolutionary one in terms of the new family feeling with the models that were to be presented in the years to come.

Il riposizionamento degli elementi frontali distintivi del Marchio rappresenta un'altra importante caratteristica, sia dal punto di vista storico che stilistico; i "baffi" e il trilobo sono infatti allineati alla stessa altezza. Questo è importante anche dal punto di vista evolutivo, per quel nuovo *family feeling* che 8C Competizione porta con sé, proponendo anche altre citazioni classiche riprese in chiave moderna che proiettano le linee dell'Alfa nel XXI secolo.

Non solo estetica, però. A partire dagli anni Trenta, carrozzieri e designer hanno iniziato a studiare la penetrazione aerodinamica per migliorare le prestazioni in gara. Per ottenere il risultato, hanno inglobato nel profilo della carrozzeria gli elementi esterni (parafanghi e fari) in modo da ottenere linee sempre più avvolgenti e filanti.

The repositioning of the marque's distinctive frontal elements represented another important characteristic, from both the historical and stylistic points of view; the "moustaches" and the trilobe were in fact aligned at the same height. This is significant in terms of the evolution of the marque, for that new family feeling that the 8C Competizione brought with it, while also presenting other classic references in a modern key that projected Alfa's styling into the 21st century.

It was not all about styling however. From the Thirties onwards, coachbuilders and designers had been studying aerodynamic penetration in order to improve race performance. To achieve this result, they incorporated the external elements (wings and headlights)

Lo studio per una vettura ad alte prestazioni risponde a esigenze che possono anche essere in contrasto tra loro, proprio come avviene nella 8C Competizione. Di fatto, però, tutti gli elementi della vettura sono chiamati a una specifica funzione, pertanto vanno affinati e resi utili alla causa. Per esempio: il fondo carenato e piatto garantisce l'ottimale coefficiente Cx di penetrazione aerodinamico e nel contempo aiuta a gestire i flussi alle alte velocità, diventando determinante per raggiungere un elevato valore di deportanza che riesca ad esaltare sia la stabilità che la sicurezza alla guida. L'incidenza dell'ala anteriore, delle carenature inferiori e dell'estrattore, invece, sono state messe a punto per garantire la massima pulizia dei flussi attraverso migliaia di ore di studio nella galleria del vento: un passaggio indispensabile per una vettura dalle alte prestazioni.

A marzo del 2004, i tratti della *show car* vengono resi più miti in funzione della messa in produzione, arrivando ad ottenere una vettura più proporzionata, equilibrata ed elegante. Proprio con questo concept,

within the bodywork, obtaining ever sleeker and more aerodynamic forms.

The design of a high performance car responds to requirements that may actually be in contrast to one another, as was the case with the 8C Competizione. In fact, each element of the car is called to perform a specific function and are correspondingly developed and refined to this end. For example: the flat, faired underbody guarantees an optimal Cx coefficient of aerodynamic penetration while also assisting in the management of the air flows at high speeds, becoming determinant in the achievement of an elevated downforce value that exalts both stability and driving safety. The incidence of the front wing, the low fairings and the extractor were instead fine-tuned over long hours of wind tunnel testing to guarantee clean air flows: an indispensable passage in the development of a high performance car.

In March 2004, the characteristics of the show car were optimized for production, resulting in a more

Tanti particolari, dalla fanaleria incastonata al retrotreno, al disegno del posteriore, al lunotto che occupa la superficie della coda e avvolge parzialmente i montanti laterali. Sono un chiaro tributo a leggendarie, sportivissime vetture del passato, riconducibile a una precisa epoca del car design.

Numerous details, from the inset rear lights to the design of the rear end, through to the rear screen occupying the tail surface and partially enveloping the rear pillars. Details that are a clear tribute to legendary sporting cars of the past and a specific era in car design.

Io stesso anno, la fuoriserie vince il Design Award for Concept Cars & Prototypes al Concorso d'Eleganza di Villa d'Este, poi replicato due anni dopo con la versione Spider. Nelle stesse occasioni, ricevono anche il premio speciale dello sponsor e quello della giuria di pubblico venendo elette vetture più belle a concorso.

In tal senso, il concept di 8C Competizione rappresenta la sintesi dei canoni di stile Alfa Romeo e diventa il riferimento estetico per caratterizzare tutta la nuova gamma di vetture di serie, MiTo *in primis* (ma anche Giulietta e, a seguire, la più recente 4C) e, allo stesso tempo, una continua ricerca di bellezza, armoniosità delle forme e, dunque, funzionalità.

Ma è l'epoca dei forum e sulla rete internet gli appassionati di tutto il mondo si domandano se la concept diventerà mai un'auto di serie. La risposta si fa attendere meno di cinque anni, un lasso temporale in cui in molti temono quanto avvenuto per un'altra 8 cilindri

well proportioned, balanced and elegant vehicle. That same year, the concept car won the Design Award for Concept Cars & Prototypes at the Villa d'Este Concours d'Elegance, replicated two years later with the Spider version. On the same occasions, the cars also received the special prize from the sponsor and that of the public after being elected the most beautiful cars in the competition.

In this sense, the 8C Competizione concept represented a synthesis of the Alfa Romeo styling canons and became the aesthetic point of reference for the new production range, first and foremost the MiTo (but also the Giulietta and, later, the more recent 4C). The model was also evidence of Alfa's continual search for beauty, harmonious forms and functionality.

In the age of internet forums, enthusiasts throughout the world debated whether the concept car would ever become a production model. The answer took

La 8C Competizione: un'immagine che il Marchio non è più abituato ad avere da tempo. Diventa subito un fenomeno stilistico dal forte richiamo al passato. Lo si avverte anche negli interni, con elementi "corsaioli" e l'uso abbondante di alluminio a vista. I cerchi in lega sono di grandi dimensioni, con una misura pneumatici che inizialmente sarà di 245/40 ZR20.

The 8C Competizione: an image to which the marque had long been unaccustomed. It immediately became a styling phenomenon with strong references to the past. This could also be noted in the cockpit, with "racing" elements and abundant use of exposed aluminium. The alloy wheel were large and initially shod with 245/40 ZR20 tyres.

di Arese (la Montreal) che, presentata all'Expo canadese del 1967, arriverà solo tre anni dopo su un mercato colpito da una importante crisi petrolifera e da un'ormai mutato gusto estetico. Ma questa è un'altra storia. La 8C Competizione viene vista da subito come fenomeno stilistico, un'immagine che il Marchio non è più abituato ad avere da tempo. Dal punto di vista meccanico, la proposta più gustosa e ammaliante per tutti gli appassionati di Alfa Romeo è costituita dal ritorno al sistema transaxle, con il poderoso motore posto all'anteriore, cambio e trazione posteriore: come sull'Alfetta e la 75, per intenderci. E tanto basta per far sognare gli appassionati.

almost five years to arrive, a period in which many feared that the 8C would suffer the same fate as another eight-cylinder model from Arese (the Montreal) which, presented at the Expo in Canada in 1967, only went into production three years later and was launched on a market affected by the oil crisis and changing tastes. But this was a whole different story. The 8C Competizione was immediately seen as a stylistic phenomenon, an image to which the marque had long been unaccustomed. From the mechanical point of view, the most attractive and captivating feature for the Alfa Romeo enthusiasts was the return of the transaxle system, with the powerful engine located at the front and the gearbox and final drive at the rear, as had been the case on the Alfetta and the 75. And this was all it took to set those enthusiasts dreaming.

L'esemplare pre-produzione di 8C Competizione esposto al Museo Alfa Romeo di Arese riporta il seriale 920C001 ed è posizionato nella prima parte del percorso espositivo, in quella galleria ideale che – dando il benvenuto ai visitatori – ripercorre attraverso i decenni la storia del Marchio.

The pre-production example of the 8C Competizione exhibited at the Museo Alfa Romeo in Arese carries serial number 920C001 and has been placed at the start of the display, in that conceptual gallery welcomes visitors and traces the history of the marque over the decades.

WOLFGANG EGGER

Egger nasce nel 1963 a Oberstdorf, un paese di montagna nel sud della Germania. Dopo la scuola e il servizio militare, si dedica a una delle sue passioni: il violino. Tra i suoi hobby ci sono lo sci e l'intarsio del legno, una pratica ereditata dal padre, proprietario di una falegnameria sotto casa. Ed è forse questa la prima delle fortune di Egger: quella di aver ereditato un'importante manualità nel saper plasmare le forme delle superfici, imparando a conoscere e modellare il legno e rendendo fruttuosi gli insegnamenti per il futuro.

Nel 1983 si trasferisce a Firenze, dove impara l'italiano, e decide di frequentare l'università nella Penisola: Industrial Design all'International College of Arts and Sciences di Milano. È una scelta quasi vincolata, la sua. Non esiste infatti un'università di design automobilistico e l'istituto da lui scelto gli consente di avvicinarsi

Egger was born in 1963 at Oberstdorf, a town in the mountains of southern Germany. Following school and military service, he dedicated himself to one of his passions: the violin. His hobbies include skiing and marquetry, something he inherited from his father, the owner of a woodworking shop beneath their apartment. This was perhaps Egger's first stroke of good fortune: that of having inherited significant manual skill, the ability to shape forms and surfaces, learning to understand and model wood and putting to good use the teachings in the future. In 1983 her moved to Florence where he learnt Italian and decided to attend university in the country: Industrial Design at the International College of Arts and Sciences in Milan. This was a decision that was almost made for him. There was in fact no university

ad Arese, lì dove ha sempre sognato di poter lavorare disegnando le Alfa Romeo.

Studiando le tecniche, avvicina quanto appreso alle logiche del disegno automobilistico anche grazie a un professore – anch'egli appassionato del Marchio – che carpendone le profonde motivazioni, nel 1988, mentre frequenta l'ultimo anno, lo indirizza a uno stage proprio in Alfa Romeo. Per Egger è un sogno che si realizza.

I primi piani di forma sono seguiti dal più esperto Carlo Giavazzi (Chief Designer Esterni) e a quel primo stage ne seguono altri voluti dalla guida del Centro Stile di Arese, quel Walter de Silva di cui Egger diviene subito allievo prediletto.

Entra così a far parte del gruppo, in quella ristretta squadra di designer con cui ha già avuto modo di lavorare sin dal restyling della 164 e a un importante concept, Nuvola (1995). Non solo, ha modo anche di contribuire al successo della 156 e gettare le basi per la più piccola 147.

course in automotive design, but the institute he selected allowed him to move close to Arese, where he had always dreamt of working and designing Alfa Romeos. Studying the technologies, he applied what he had learned to automotive design, thanks in part to one of his professors – another enthusiast of the marque – who recognising the student's commitment organized a placement for him at Alfa Romeo during his final year in 1988. For Egger this was a dream come true.

The first plans and elevations were supervised by the more experienced Carlo Giavazzi (Chief Designer Exteriors) and the initial placement was followed by others at the behest of the head of the Styling Centre at Arese, Walter de Silva of whom Egger immediately became the favourite student.

He therefore joined the group, that close circle of designers with whom he had already had the opportunity to work from the restyling of the 164 and on an important concept car, the Nuvola (1995).

Vent'anni dopo la sua presentazione, gli studenti della Scuola Politecnica di Design di Milano lavorano attorno alla maquette della 8C Competizione.

20 years after its presentation, the students at the Milan Design Polytechnic School are here working around the maquette of the 8C Competizione.

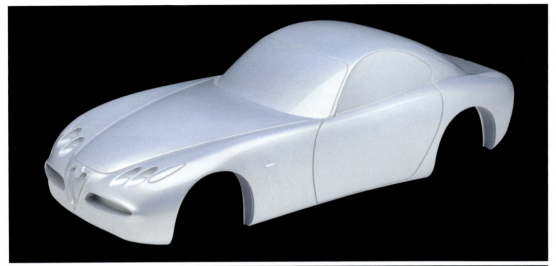

Questi lavori sono la conseguenza di un'intuizione di Walter de Silva che vede in Egger la figura su cui puntare in un momento in cui il design automobilistico sta rapidamente virando verso la progettazione virtuale ed informatizzata del programma Alias. Il designer tedesco per alcuni mesi è letteralmente immerso nello studio del programma e delle sue applicazioni. L'opportunità lo completa e lo appassiona e si convince che alla manualità nel saper produrre un piano di forma possano essere affiancati strumenti nuovi. In tal senso, la sua creatività spazia anche nella ricerca, proprio quella spinta da Walter de Silva.
Tra i due cresce una profonda sintonia, che prosegue a distanza anche quando lascia il Gruppo per un

Moreover, he was also able to contribute to the success of the 156 and to lay the foundations for the smaller 147. These projects were the result of an intuition of Walter de Silva who saw in Egger the figure on whom to focus at a time when automotive design was rapidly turning towards virtual and digital design using the Alias programme. For some months, the German designer had immersed himself in the study of the programme and its applications. This opportunity completed and enthused him and he was convinced that manual skills and the ability to produce drawings can be flanked by new tools. In this sense, his creativity also found an outlet in the avant-garde research encouraged by Walter de Silva.

Nuvola. Una vettura con struttura autoportante "spaceframe". È un telaio versatile, a struttura reticolare, dal quale si potrebbero sviluppare anche una berlina e una giardinetta.

Nuvola. A car with a spaceframe chassis. A versatile reticular structure that could also be developed as the basis for a saloon and an estate car.

incarico precursore del trasferimento dello stesso de Silva alla Seat.

A Barcellona, Egger vi rimane solo tre anni, giusto il tempo di ricevere un nuovo importante incarico alla direzione del design di Lancia, a giugno del 2001. Ma anche questa nuova parentesi lavorativa dura solo tre mesi, appena il tempo del più prestigioso (e da lui ambito) incarico come responsabile del Centro Stile Alfa Romeo in successione ad Andreas Zapatinas che, ad Arese, resterà davvero poco.

Al suo rientro in azienda, tra i vari progetti, ve ne è uno che avrebbe dovuto rappresentare la base per enfatizzare la tradizione sportiva del Marchio, un passo importante verso la nascita del concept della 8C Competizione.

Bisogna però concludere altri due progetti, quello della 147 GTA e il progetto 939, ovvero l'erede della 156. Appena terminati, però, l'attenzione di Egger si rivolge subito al progetto della 8C e a novembre del 2002, dopo aver da poco approvato la 166,

The two enjoyed a profound professional understanding thar even continued at a distance when Egger left the group for a position that foreshadowed the transfer of de Silva himself to Seat.

Egger stayed in Barcelona for just three years before being offered an important new position as head of design at Lancia in Juen 2001. This new job lasted just three months before he moved to the more prestigitious role (one he had always dreamt of) as head of the Alfa Romeo Styling Centre, succeeding Andreas Zapatinas who whose stay at Arese was very brief indeed.

On his return to Alfa, among the various on-going projects there was one that was intended to be the basis for emphasising the sporting tradition of the marque, an important step towards the birth of the 8C Competizione concept.

However, a further two designs had to be completed first, that of the 147 GTA and the 939 project, the heir to the 156. As soon as they were signed off, Egger turned his attention to the 8C project and in November

La 156 e la 147 sono due indiscutibili successi firmati dal Centro Stile diretto da Egger. Entrambe elette *Auto dell'anno*, segneranno il mercato del segmento di riferimento. La 156, in particolare, rappresenterà un nuovo modo di fare design che, oggi, è unanimemente riconosciuto di interesse storico.

The 156 and the 147 are two undisputable success of the Styling Centre led by Egger. Both were elected Car of the Year and were to make a mark in their reference segments. The 156, in particular, represented a new way of designing and is unanimously recognised as of historic interest.

presenta il primo modello in scala 1:1 del concept di 8C Competizione.

Allo stand Alfa Romeo del Salone di Ginevra del 2003 il fermento verso il rinnovamento della gamma targato Egger è tangibile e verte soprattutto sull'idea di dare uno Sport Utility Vehicle all'Alfa che si pensa possa nascere proprio dal nuovissimo concept Kamal.

A differenza del concept 8C, quella della Casa sembra essere una decisione fortemente indirizzata all'entrata in produzione. Kamal (il cui termine, in lingua araba significa "sintesi degli opposti") ha l'obiettivo di coniugare il concetto di SUV con quello di sportività in anni in cui questo genere di vettura non è ancora all'apice della sua popolarità.

Di fatto potrebbe essere il primo veicolo di questo segmento prodotto da una Casa europea e a

2002, with the 166 having recently been approved, he presented the first full-size mock up of the 8C Competizione concept car.

Excitement around Egger's renewal of the range was tangible on the Alfa Romeo stand at the 2003 Geneva Motor Show, with the idea of an Alfa SUV based on the brand new Kamal concept gaining ground.

In contrast with the 8C, the marque's focus on the SUV appeared to suggest there was a strong possibility of the model going into production. The Kamal (a term which in Arabic means a "synthesis of opposites") aimed to emphasise the sporting aspect of the SUV concept in the years in which this type of vehicle had yet to reach the peak of its popularity.

It could have been the first car in the segment produced by a European manufacturer and in the March of the following year, with the Kamal's show car

Al progetto mai davvero compreso della 166 seguirà quella che, a distanza di un ventennio, rappresenta una vera occasione mancata: la Kamal. Bellissima e desiderabile per il pubblico, il progetto viene abbandonato dall'azienda che lascia così campo libero alle concorrenti.

The never truly understood 166 project was followed by that which, 20 years on, represents a golden opportunity that was missed: the Kamal. Beautiful and highly desirable, the project was abandoned by the company, thus leaving the field free for its rivals.

marzo dell'anno dopo, attenuati i tratti da *show car* di Kamal, la proposta è stata già affinata rendendola più proporzionata e predisponendola ad accogliere il motore V6 "Busso" che equipaggia le versioni GTA di 156 e 147 con cui ha un forte *family feeling*.

La Kamal ha un aspetto imponente e sportivo e porta con sé soluzioni tecnico-stilistiche derivate da altre collaudate e da un'esperienza che è essa stessa continuità di metodo, quello che caratterizza il gruppo di lavoro diretto da de Silva e poi da Egger. Rappresenta infatti un punto fermo per gli anni a venire, tramandato anche ai frequentatori di stage universitari, quelli a cui viene insegnata soprattutto l'importanza del lavoro di squadra: una delle più importanti caratteristiche del Centro Stile di Arese.

features having been toned down, its proportions adjusted and the chassis prepared to accept the V6 "Busso" engine that was fitted to the GTA versions of the 156 and 147 with which it had a strong family feeling. The Kamal had an imposing, sporting appearance and boasted technical and stylistic contents deriving from tried and trusted features and from experience representing a continuity of the method that characterised the working group led by de Silva and then by Egger. It in fact represented a point of reference for the years to come, one passed on to those on university placements, those who were taught above all the importance of teamwork: one of the most important characteristics of the Arese Styling Centre.

8C COMPETIZIONE (2008)

È il 2006 e la direzione di Sergio Marchionne autorizza la produzione di serie del concept della 8C Competizione, un lavoro che il Centro Stile di Arese riesce a definire in soli otto mesi. Responsabile del progetto è l'ingegner Domenico Bagnasco, incaricato dello sviluppo del corpo in composito e *scouting* di fornitori dedicati e specializzati.

Avendo in gamma modelli nuovi ma controversi come MiTo, 159, Brera e Spider (ma anche 147, GT e 166, ormai indirizzate verso la fine carriera), l'Alfa Romeo ha bisogno di rilanciare la sua immagine di produttore di vetture supersportive. Le sole versioni equipaggiate da motore 6 cilindri "Busso", infatti, hanno alimentato l'entusiasmo della clientela più affezionata ma – oltre a essere in uscita dai listini – non sono riuscite a "riempire" il segmento di riferimento della Montreal, quell'ultima 8 cilindri che,

In 2006 the Fiat Group management led by Sergio Marchionne signed off on production of the 8C Competizione concept, with the Centro Stile in Arese succeeding in producing the definitive design in just eight months. Leading the project was the engineer Domenico Bagnasco, responsible for developing the composite body and scouting for dedicated and specialised suppliers.

With a range featuring new but controversial models such as the MiTo, 159, Brera, and Spider (along with the 147, GT and 166, now heading towards the end of their careers), Alfa Romeo needed to revive its image as a manufacturer of supercars. Only those models equipped with the six-cylinder "Busso" engine, in fact, aroused the enthusiasm of the most loyal clients, but, before being withdrawn from the catalogue, they had failed to "fill" the reference

Nel 2006, Sergio Marchionne autorizza la produzione di serie della 8C Competizione, un lavoro che il Centro Stile di Arese definisce in otto mesi presentando poi la vettura al Salone internazionale di Parigi in uno stand in cui a dominare sono i colori rosso e nero, passione e tecnologia.

In 2006, Sergio Marchionne signed off on series production of the 8C Competizione, a project which Arese's Styling Centre completed in eight months, presenting the car at the Paris Motor Show on a stand dominated by the colours red and black, passion and technology.

dal 1977, ha lasciato orfani gli alfisti di "un sogno a quattro ruote".

Al Salone Internazionale di Parigi del 2006, Alfa Romeo presenta uno stand di forte impatto scenografico, dove modelli di serie e versioni speciali si affiancano per sottolineare l'unicità del brand nel panorama automobilistico mondiale.

Forme geometriche semplici definiscono il design dell'area espositiva, dove volumi chiusi da un lato, contrapposti al fronte in *brise-soleil* in alluminio e vetro, rappresentano elementi che definiscono il concetto di "villa Alfa Romeo" secondo i canoni dell'architettura razionalista.

Il rigore e l'essenzialità del progetto tradotto nelle forme, nei colori e nei materiali contribuisce a creare la cornice ideale per il car design sinuoso e aggressivo delle auto rendendole protagoniste assolute: tutto è dominato dai colori rosso e nero, da sempre espressione della doppia anima della Casa, connubio tra passione e tecnologia.

Ma il vero cuore dello stand, caratterizzato da piani orizzontali contrapposti ad ampie vetrate, è senza dubbio

segment of the Montreal, the last eight-cylinder car that, since 1977, had left the Alfisti orphaned of their "four-wheeled dream".

At the 2006 Paris International Motor Show, Alfa Romeo presented an impressive stand with production models and special versions standing side-by-side, emphasizing the marque's uniqueness on the global automotive scene.

Simple geometric forms defined the layout of the stand, with closed volumes on one side, contrasting with the aluminium and glass brise-soleil front and representing elements that define the concept of the "Alfa Romeo villa" according to the canons of Rationalist architecture.

The spare rigour of the design translated into shapes, colours and materials helped to create the ideal setting for the sinuous and aggressive styling of the cars, making them the absolute protagonists: the dominant palette was red and black, colours that have always been the expression of the company's dual soul, a combination of passion and technology. However, the true heart of the stand, characterised

La vettura è curata, ben rifinita. I materiali e l'abbinamento dei colori non tradiscono l'essenza della 8C che trasmette tutta la sua esclusività.

The car was smart and well-finished. The materials and the colour combinations encapsulated the essence of the 8C, transmitting all its exclusiveness.

l'area destinata a lei, la 8C Competizione. È una vetrina che custodisce l'auto come fosse un gioiello, un oggetto prezioso da ammirare e da desiderare. Insomma, al Salone di Parigi anteprime mondiali e vetture di attuale produzione convivono perfettamente e rappresentano al meglio la sportività e l'eleganza secondo Alfa Romeo, frutto della tecnologia più sofisticata e di un patrimonio unico, fatto di vetture e progettisti, corse e motori che hanno segnato il progresso e le vicende sportive del Novecento.

La nuova ed esclusiva granturismo che sarà prodotta in un numero limitato di esemplari rappresenterà la migliore sintesi dei valori che da sempre contraddistinguono il brand: tecnologia, innovazione ed emozione. Il modello, infatti, vuole giocare un ruolo da protagonista,

by horizontal planes set against ample glazing, was undoubtedly the area dedicated to the 8C Competizione. This was a showcase presenting the car as if it were a precious jewel, an object to be admired and desired. In short, at the Paris Motor Show the very latest novelties and current production models coexisted perfectly, representing the Alfa Romeo concept of sporting elegance. The cars were the fruit of the most sophisticated technology and a unique heritage, one composed of cars and designers, races and engines that have marked the progress and sporting events of the 20th century.

The new and exclusive Gran Turismo that was to be produced in a limited number of examples represented the finest synthesis of the values that have always

Importante lo studio del posto di guida, dell'ergonomia e della percezione tattile, con "il pilota al centro di ogni scelta".

Much work went into the design of the driving position, from ergonomics to tactile perception, with "the driver at the centre of every choice".

A soli tre lustri dalla sua
presentazione, la 8C
Competizione ha già
confermato quanto
ipotizzato al lancio,
con un trend nelle
quotazione in netto rialzo.

Just 15 years on from
its presentation, the 8C
Competizione has already
confirmed the promise
of its launch, with sale
prices rising steeply.

riaffermando con forza l'unicità del Marchio nel mondo e la sua capacità di coniugare l'emozione della linea con il piacere di guida.

Nonostante l'immediato successo replicato anche al 62° International Motor Show (IAA) Cars – il Salone dell'Automobile di Francoforte che, dal 13 al 23 settembre 2007, rappresenta una rassegna tra le più importanti ed apprezzate del calendario mondiale – i vertici dell'azienda non abbandonano l'idea della serie limitata a sole 500 unità, che viene venduta già prima dell'inizio della produzione, lasciando tanti ordini inevasi.

Per gli aspiranti possessori non accontentati, la sola speranza rimasta è però quella di poter accedere agli ordini per l'annunciata versione Spider, la cui uscita è prevista poco tempo dopo. È il "marketing della privazione", si dirà, quello che gioca sulla creazione del desiderio di un oggetto esclusivo riservato a pochi

distinguished the brand: technology, innovation, and emotions. The model, in fact, was a born protagonist, strongly reaffirming the uniqueness of the marque in the world, with its ability to combine the emotions of style with driving pleasure.

Despite the immediate success replicated at the 62nd International Motor Show (IAA) Cars – the Frankfurt Motor Show held from the 13th to the 23rd of September 2007, which was one of the most important and popular events on the world calendar – the powers that be at the company refused to abandon the idea of a limited edition of just 500 examples, a series that was sold out even before production started, leaving many orders unfulfilled.

The only hope for those would-be owners left frustrated was to be able to place an order for the Spider version that had been announced and was due to be

Per il cliente vi è la possibilità di personalizzazione della targhetta identificativa con numero dell'esemplare e bandiera del Paese di assegnazione: una possibilità a cui sono in molti a ricorrere.

Clients were offered the opportunity to personalise their car with an identification plaque carrying the number of the example and the flag of the country of destination, a extra many owners were keen to add.

(il costo è infatti di oltre 162mila euro con una tassa di possesso che in Italia sfiora i 1.200 euro) e, per questo, ancora più desiderabile.

La sua presentazione ufficiale al Salone di Ginevra del 2008 è subito un trionfo e le modifiche estetiche apportate rispetto alla versione concept sono davvero poche, segno di un lavoro che non necessita di particolari ritocchi. Dal colore della tradizione (il Rosso Alfa) alle nuove evoluzioni, la gamma colori – essenziale ma esclusiva – trasmette tutta la sportività del modello, con sole quattro opzioni a più strati tra Giallo Racing (di cui verranno prodotte solo una decina di unità), Nero, Rosso Alfa e Rosso Competizione.

Ai colori pastello si aggiungono quelli micalizzati multistrato e gli extraserie a campione. Lo stesso Rosso Alfa raggiunge una nuova e intensa profondità grazie a pigmenti di rosso puro applicati fino a ottenere

released shortly afterwards. This is a classic example of "deprivation marketing", playing on the creation of desire for an exclusive object reserved for a very few (the cars in fact cost €162,000 and were liable for a possession tax in Italy that was close to €1,200).

The 8C Competizione Spider's official presentation at the 2008 Geneva Show was an immediate triumph, with very few styling changes made with respect to the concept version, evidence of a design job well done.

From the colour of tradition (Alfa red) to the latest innovations, the range of paint finishes – short but exclusive – conveyed all the sporting character of the model, with only four multi-layered options including Giallo Racing (in which only ten or so examples were to be produced), Nero, Rosso Alfa, and Rosso Competizione. In addition to the pastel colours, there were multi-layered mica finishes and paint-to-sample colours.

un maggior spessore e un più alto grado di corposità del colore. Il trasparente ad alta resistenza applicato, invece, consente di ottenere una nuova lucentezza.

I colori micalizzati, invece, sono ottenuti stendendo sulla carrozzeria uno strato contenente i pigmenti base che consentono di ottenere il punto colore di fondo e, in seguito, un secondo passaggio con particelle di mica colorata per far risaltare la lucentezza e la luminosità del punto luce. In ultimo, viene applicata una vernice di fondo che fornisce al colore un aspetto corposo e traslucido. Per enfatizzare la profondità del colore, il processo del Rosso Competizione viene completato con l'applicazione di uno speciale trasparente pigmentato.

Previa verifica di fattibilità, viene poi data la possibilità di personalizzare il colore esterno dell'auto consentendo l'applicazione di un colore fornito dal cliente. In tal senso, l'Amministratore delegato di Fiat Chrysler Automobiles, Sergio Marchionne, e lo stesso patron del Gruppo, John Elkann, acquistano un esemplare ricorrendo a questa possibilità. Curiosa la storia legata

Sono tanti gli esemplari commercializzati all'estero, oggetto negli anni di compravendite da parte di prestigiose Case d'asta. Diversi ed importanti anche i servizi fotografici dedicati in luoghi di particolare suggestione e con dovizia di particolari.

Many examples were sold abroad and over the years have been sold on by prestigious auction houses. Various major and highly detailed photo shoots have been conducted over the years in evocative locations.

Rosso Alfa itself achieved a new and intense profundity thanks to pure red pigments added to achieve greater depth and body. The high-resistance clear coat that was applied, instead provided a new lustre.

Mica colours, on the other hand, were obtained by applying a layer containing base pigments to the bodywork to obtain the base colour and before a second coat with coloured mica particles was applied to bring out the shine and brightness of the base colour. A final coat was then applied to give the colour a full-bodied, translucent appearance. To emphasise the depth of the finish, the Rosso Competizione process was completed with the application of a special pigmented clearcoat.

After a feasibility check, the car's exterior finish could also be customised through the application of a customer-specified colour. Fiat Chrysler Automobiles' CEO, Sergio Marchionne, and the head of the group himself, John Elkann, acquired cars using this option. There is a curious story regarding the model whose Blu Notturno finish was paid for by Marchionne,

Diversi i premi vinti da 8C
Competizione, in Italia e
all'estero. Per Jeremy
Clarkson è "l'auto più bella
del mondo".

*The 8C Competizione won
numerous prizes, in Italy
and elsewhere. For Jeremy
Clarkson, this was "the most
beautiful car in the world".*

all'esemplare la cui colorazione Blu Notturno viene pagata da Marchionne; slegata dal mondo degli affari, invece, la scelta del colore dell'esemplare ordinato da Elkann, che commissiona la vettura in colore Blu Oceano: una scelta non casuale, dato che il primogenito del rampollo di casa Agnelli si chiama proprio "Oceano".

Dall'altra parte del globo, nello Stato del Connecticut, la prima delle consegne di un'Alfa Romeo 8C destinata agli Stati Uniti avviene alla Miller Motorcars, a novembre del 2008, a favore del facoltoso produttore cinematografico, regista e collezionista James Glickenhaus (la targa sarà "001 USA") mentre l'ultima viene assegnata a un collezionista italo-americano dell'area di Boston.

Ma la maggior concentrazione di 8C è ovviamente in Italia (che come gli Stati Uniti è destinataria di 85 esemplari), seguita dalla Germania con un'ottantina di vetture e il Giappone con una settantina. Francia e Inghilterra, invece, contano una quarantina di vetture ciascuna, poi una dozzina in Austria, Belgio e infine Spagna, con una decina. Le altre, sparse per il mondo:

while unrelated to the business world, was the choice of colour for the model ordered by Elkann, who commissioned the car in Blu Oceano (Ocean Blue): by no means a random choice, given that the eldest son of the scion of the Agnelli family is called "Oceano".

On the other side of the Atlantic, in the state of Connecticut, the first examples of the Alfa Romeo 8C destined for the United States were delivered to Miller Motorcars in November 2008, destined for the wealthy film producer, director and collector James Glickenhaus (the number plate read "001 USA"), while the last was assigned to an Italo-American collector in the Boston area.

However, the greatest concentration of 8Cs is naturally in Italy (the recipient, like the United States, of 85 examples), followed by Germany with around 80 cars and Japan with around 70. France and England, on the other hand, count around 40 cars each, followed by Austria, Belgium and finally Spain with a dozen or so. The others are scattered around the world: Kuwait,

Kuwait, Qatar, Russia, Arabia Saudita, Argentina, Singapore e Hong Kong.

Tra gli altri acquirenti più noti, l'olandese Bernhard Lucas Emmanuel, principe d'Orange-Nassau, che diviene il primo destinatario di una delle dieci 8C Competizione inviate nel suo Paese (la sceglie in livrea nera), proprio come il batterista dei Pink Floyd, Nick Mason, anch'egli noto collezionista di importanti vetture sportive.

Sulla scia di questo gradimento, tante riviste di settore assegnano un premio alla 8C Competizione. Lo stesso 2008, il periodico *Auto Express* le assegna il Best Design Award e un sondaggio di *Quattroruote* la elegge "l'auto che preferisco" nella categoria Supercar. Ancora: nel 2010, un sondaggio pubblico inglese la elegge Classica del futuro e lo stesso anno, il conduttore di *Top Gear*, Jeremy Clarkson assegna alla versione spider della 8C il titolo di Auto più bella del mondo: l'ennesimo riconoscimento internazionale premiante per un'auto incoronata anche in moltissimi saloni dell'automobile in cui viene esposta.

Qatar, Russia, Saudi Arabia, Australia, Argentina, Singapore, and Hong Kong.

Other well-known buyers included the Dutchman, Bernhard Lucas Emmanuel, Prince of Orange-Nassau, who became the first recipient of one of the ten 8C Competizione cars to be sent to his country (he chose his finished in a black livery), and the Pink Floyd drummer Nick Mason, another well-known collector of important sports cars.

In the wake of this popularity, many specialist magazines awarded prizes to the 8C Competizione. That same year, *Auto Express* magazine gave it the Best Design Award while a *Quattroruote* poll voted it "My Favourite Car" in the supercar category. In 2010, a British public poll voted it the Classic of the Future and that same year, Top Gear presenter Jeremy Clarkson awarded the spider version of the 8C the title of Most Beautiful Car in the World: further international recognition for a car that had also been crowned at the many motor shows where it had been shown.

Dettagli ricercati. Tutto in 8C Competizione è funzionale all'esaltazione della sportività, mai estrema e sempre raffinata, con l'uso di pelli pregiate, alluminio e carbonio sapientemente abbinati.

Sophisticated details. Everything about the 8C Competizione served to exalt its never extreme but always refined sporting nature, with the use of skillfully combined fine leathers, aluminium and carbonfibre.

Meccanica e innovazione

Prodotta sulle linee di produzione modenesi della Casa del Tridente in collaborazione con la Dallara per il telaio, la vettura segna il ritorno di un modello Alfa Romeo alla trazione posteriore, un'impostazione tecnica che manca su un modello del Marchio dai primi anni Novanta.

Confermata la trasmissione, con il classico schema transaxle con propulsore posizionato longitudinalmente dietro all'asse anteriore, la punta di diamante è sicuramente rappresentata dal motore 8 cilindri a V di 90° da 4691 cc di derivazione Ferrari. È il propulsore F136, quello montato sulla F430 per intenderci, modificato con albero "a croce" piuttosto che "piano" e progettato con l'obiettivo preciso di garantire prestazioni straordinarie senza rinunciare alla fluidità, in tutte le situazioni, dal traffico urbano all'uso in pista.

Distribuzione a doppio albero a camme in testa per bancata, 4 valvole per cilindro, punterie idrauliche e fasatura variabile con alesaggio 94 mm per corsa 84,5 mm. La sua potenza massima è di 450 CV (331 kW) a 7000 giri/min e sprigiona una coppia massima di 480 kgm a 4750 giri/min per una velocità di punta di 292 km/h e un'accelerazione da 0 a 100 km/h di 4,2 secondi.

L'80% della coppia è disponibile già dai 2000 giri/min proprio grazie all'armonizzazione della geometria di

Technology and innovation

Produced on Maserati's Modena assembly line, in collaboration with Dallara for the chassis, the car marked the return of rear-wheel drive on an Alfa Romeo, a layout that had been absent from the marque's range since the early Nineties.

With the classic transaxle layout established and the power unit located longitudinally behind the front axle, the ace in the 8C's pack was without doubt that Ferrari-derived 90° V8 engine displacing 4691 cc. This was the F136 unit, originally fitted to the F430, modified with a cross-plane rather than flat crankshaft and tuned with the precise objective of guaranteeing extraordinary performance without compromising smoothness in all situations, from urban traffic to the track.

Twin overhead camshafts per bank, four valves per cylinder, hydraulic tappets and variable phase timing and bore and stroke dimensions of 94 x 84.5 mm. The unit was capable of producing 450 hp (331 kW at 7000 rpm and maximum torque of 480 kgm at 4750 rpm, providing a top speed of 292 kph and the ability to sprint from 0 to 100 kph in 4.2 seconds.

80% of that torque was already available at 2000

Solo due esemplari verranno realizzati in colorazione blu. La prima, Blu Oceano, verrà commissionata da John Elkann, **patron** di Casa Fiat. La seconda (in foto), in colorazione Blu Notturno (a listino Maserati), verrà realizzata su commissione dell'AD Sergio Marchionne. In basso, l'ingegnere Fiorenzo Busso posa accanto a uno dei primi esemplari della 8C Competizione nello stabilimento ITCA Colonnella.

Just two examples were to be finished in blue. The first, in Blu Oceano, was to be commissioned by Fiat's patron John Elkann. The second (seen here, in Blu Notturno (a colour from the Maserati range), was to be commissioned by the group's CEO Sergio Marchionne. Bottom, Ingegnere Fiorenzo Busso poses alongside one of the first examples of the 8C Competizione in the ITCA Colonnella factory.

aspirazione e scarico, unita alla scelta di variatori di fase ad attuazione continua sugli assi a camme di aspirazione e all'ottimizzazione della camera di combustione.

È chiaro però che un simile propulsore necessiti di una tenuta di strada e di una meccanica che garantisca sicurezza in ogni situazione: due caratteristiche che rappresentano un'eccellenza del Marchio, da sempre attento allo sviluppo dinamico del veicolo. Un altro importante obiettivo ottenuto dai tecnici è stato quello di sviluppare un'unità compatta e leggera in grado di ottenere una distribuzione dei pesi degna di una vettura dalle altre prestazioni.

Come sulle vetture del Cavallino, il differenziale autobloccante e il cambio robotizzato sequenziale a 6 rapporti Q-Select con selezione computerizzata delle marce (di derivazione Maserati), sono invece al retrotreno, sempre per ottimizzare il bilanciamento dei pesi. Per ottenere questo risultato vengono usati materiali leggeri e duttili, in grado di essere lavorati

rpm, thanks to the well-balanced intake and exhaust geometries, combined with the decision to fit continuous variable valve timing on the intake camshafts and the optimization of the combustion chamber.

It is clear, however, that such an engine would demand a rolling chassis capable of guaranteeing safety in every situation: two characteristics representing one of the strong suits of a marque ever attentive to vehicle dynamics. Another important objective achieved by the engineers was that of developing a light, compact unit capable of contributing to a weight distribution worthy of a high performance car.

As with the Prancing Horse's cars, the self-locking differential, and the six-speed robotized Q-Select gearbox with computerised gear selection (of Maserati derivation) were instead both on the rear axle, again to optimise weight distribution. In order

Il poderoso motore di derivazione Ferrari ha 8 cilindri a V di 90° e 4691 cc. Potenza massima di 450 CV a 7000 giri/min per una velocità di punta di 292 km/h e un'accelerazione da 0 a 100 km/h di 4,2 secondi.

The powerful Ferrari-derived 90° V8 engine displacing 4691 cc. It delivered a maximum power output of 450 hp at 7000 rpm, good for a top speed of 292 kph and 0-100 kph acceleration in 4.2 seconds.

in forme concepite all'origine per il miglior rapporto tra peso e funzione svolta.

Le due palette fisse dietro il volante, ai lati del piantone, permettono di selezionare le marce con una cambiata che, in modalità Sport, avviene in soli 175 millesimi di secondo. Secondo quanto dichiarato dalla Casa, l'accelerazione laterale massima registrata è di 1,02 g e, nonostante l'assenza di appendici aerodinamiche, la vettura ha un comportamento deportante verso il suolo.

Tornando all'ossatura dell'auto, a differenza della concept – la cui monoscocca è stata realizzata in fibra di carbonio – la vettura di serie viene realizzata con un telaio *dual frame* multi materiale e a essere realizzata in carbonio è la sola carrozzeria (su una scocca portante di lamiera d'acciaio), proprio come parte dell'abitacolo, realizzato su mandato FCA dalla ITCA Colonnella, una delle aziende allora più all'avanguardia per questo tipo di processo produttivo.

to obtain this result, light, ductile materials were employed that could be machined to forms conceived from the outset to provide the optimum compromise between weight and function.

The two paddles set behind the steering wheel, either side of the column, allowed the gears to be selected, with changes taking place in just 175 thousandths of a second in Sport mode. According to the manufacturer, the maximum lateral acceleration recorded was 1.02 g and, despite the absence of aerodynamic appendages, the car generated downforce. Going back to the framework of the car, in contrast with the prototype – which featured a carbonfibre monocoque – the production car was based around dual frame chassis in multiple materials, with only the bodywork in carbonfibre (over a sheet steel shell), along with part of the cockpit, which was made to FCA's specification by ITCA Colonnella, one of the leading companies at the time in this type

Dalla ITCA, infatti, nasce la produzione di scocche importanti come quella della Porsche Carrera GT (circa 1300 unità) e una quota delle linee è seguita direttamente dalla Lamborghini per le necessità relative alla produzione di alcune componenti.

Nel 2007, l'Amministratore Delegato della ITCA è Fiorenzo Busso, figlio di Giuseppe Busso, indimenticato ingegnere dell'Alfa Romeo, padre di quel motore 6 cilindri a V di 60° di cui abbiamo poc'anzi accennato e che dal 1979 al 2006 motorizza le vetture con propulsori di più grande cubatura.

L'innovativa "cellula" in fibra di carbonio (un materiale utilizzato soprattutto nelle vetture da competizione per la sua leggerezza combinata alla straordinaria rigidezza) garantisce eccellenti qualità dinamiche. Solo in termini di peso, infatti, il risparmio è quantificabile in circa il 25% del totale; la miglior rigidezza, invece, si abbina alla scelta della resina R-Rim per la realizzazione dei paraurti, ottimale per un'efficace protezione dai piccoli urti. Queste ed altre soluzioni tecniche

of production process. ITCA was, in fact, responsible for the production of major bodyshells such as that of the Porsche Carrera GT (about 1300 units) and part of its output was overseen directly by Lamborghini for the manufacture of certain components.

In 2007, the Managing Director of ITCA was Fiorenzo Busso, son of Giuseppe Busso, the unforgettable Alfa Romeo engineer, father of the 60° V6 engine mentioned earlier that powered Alfa's larger displacement cars from 1979 to 2006.

The innovative cell in carbonfibre (a material used above all in racing cars for its lightness combined with extraordinary stiffness) guaranteed excellent dynamic qualities. In terms of weight alone, in fact, the saving was quantifiable at around 25 per cent of the total; the improved stiffness, on the other hand, was combined with the choice of R-Rim resin for the manufacture of the bumpers, optimal for effective protection against minor impacts. These and other technical features adopted were particularly

Meccanica raffinata che sposa un design etereo. La fiancata della vettura è logata dal Centro Stile nella classica targhetta che ha identificato tante vetture di successo del passato.

A sophisticated mechanical specification married to refined styling. The flanks of the car carry the Centro Stile script alongside the classic Alfa badge carried by so many successful cars of the past.

adottate sono particolarmente sofisticate, attuabili solo su vetture prodotte in piccola serie, e consentono di contenere notevolmente il peso dell'auto che ferma l'ago della bilancia del corpo vettura ad una massa registrata di soli 1585 kg.

Come accennato, recuperata la trazione posteriore e lo schema transaxle con motore e cambio al retrotreno, insieme al differenziale autobloccante (al 25% in accelerazione e al 45% in rilascio), la ripartizione dei pesi risulta equilibrata. Il transaxle, infatti, prevede il collegamento rigido fra motore e scatola del cambio che contiene anche il differenziale; i due gruppi sono uniti da un elemento tubolare, all'interno del quale ruota un albero di trasmissione. Il carico risulta così distribuito in prevalenza al posteriore al 51% rispetto all'anteriore, ovviamente al 49% del peso in ordine di marcia.

Le sospensioni prevedono uno schema a quadrilateri con portamozzi e bracci in alluminio forgiato, con puntone supplementare nel posteriore per il controllo della convergenza. Questa semplicità consente di copiare le asperità anche minime della strada, garantendo sempre la massima impronta al suolo degli pneumatici grazie a un recupero di camber elevato (con maggior tenuta al limite), massimo controllo dell'asse di sterzo, massima rigidezza laterale per avere tempi di risposta immediata e minimo ingombro e peso.

sophisticated, feasible only on cars produced in small batches, and allowed the weight of the car to be kept down to a mass of just 1585 kg.

As mentioned, having reprised the rear-wheel drive and transaxle layout, with gearbox at the rear, together with the self-locking differential (25% under acceleration and 45% on release), the weight distribution was well-balanced. The transaxle, in fact, provides a rigid connection between the engine and gearbox, which also contains the differential; the two units are joined by a tubular element, within which a driveshaft rotates. The load is thereby biased to the rear with 51% compared to the front axles which naturally takes 49% of the weight in running order.

The suspension features a double wishbone layout with forged aluminium hub carriers and arms, with an additional strut at the rear for toe-in control. This simplicity allows even the slightest bumps in the road to be followed, guaranteeing the maximum tyre footprint at all times thanks to high camber recovery (with greater grip at the limit), maximum steering-axle control, maximum lateral stiffness for immediate response and minimum bulk and weight.

Braking is taken care of by a carbon-ceramic system with four drilled and ventilated discs and fixed

La frenata è garantita da un impianto carboceramico a quattro dischi forati e ventilanti con pinze fisse in alluminio a sei pistoncini all'anteriore e quattro al posteriore, correttore di frenata e antibloccaggio elettronico ABS integrato con altri dispositivi di sicurezza come l'antipattinamento (ASR) e il controllo elettronico di stabilità (VDC). Si tratta di un sistema collaudato e utilizzato già su altre supercar, messo a punto da Brembo, grazie al quale è stato possibile contenere al massimo dimensione e pesi dei componenti utilizzando una lega speciale contenente molibdeno per garantire un alto coefficiente di dissipazione termica.

Il cambio elettroattuato sequenziale a 6 marce più retromarcia non è di ultimissima generazione ma diverte, e può essere utilizzato in modalità manuale o automatica grazie a bilancieri posti sul piantone dello sterzo, proprio dietro il volante. E ancora: frizione bi-disco a comando idraulico, sterzo a cremagliera servoassistito.

L'ottima tenuta di strada è aiutata anche da un'altra scelta: la gommatura con calettamento da 20 pollici e canali ampi su cui gli pneumatici assumono dimensioni generose, con la possibilità di opzionare in prima dotazione i Pirelli P-Zero Corsa da 245/35 X8,5J all'anteriore e da 285/35 X10,5J al posteriore montati su cerchi a fori in alluminio fluoformato che garantiscono

aluminium callipers with six pots at the front and four at the rear, a brake bias valve and electronic ABS antilock braking integrated with other safety devices such as the ASR anti-skid system and VDC electronic stability control. This is a tried and tested system developed by Brembo and already used on other supercars. It was possible to keep the size and weight of the components as low as possible by using a special molybdenum alloy to ensure a high heat dissipation coefficient.

While the electrically actuated sequential gearbox with 6 speeds plus reverse was not of the very latest generation, it was fun, and could be used in manual or automatic modes thanks to paddles located on the steering column, just behind the steering wheel. There was more: a hydraulic twin-plate clutch and power-assisted rack-and-pinion steering.

The excellent roadholding is assisted by the decision to fit generously dimensioned tyres on 20" wide rims, with the option of specifying Pirelli P-Zero Corsa 245/35 X8.5J front and 285/35 X10.5J rear covers on mounted on perforated flow formed aluminium wheels that guarantee further efficiency and ventilation for the braking system.

ulteriore efficienza e ventilazione all'impianto frenante. L'accensione elettronica è digitale, l'alimentazione a iniezione elettronica, il raffreddamento a liquido, la lubrificazione forzata con carter umido e coppa dell'olio solidale al basamento motore.

E mentre due catalizzatori trivia consentono alla 8C Competizione di ottenere l'omologazione antinquinamento Euro 4, un tasto "Sport" posto sul tunnel centrale permette di mantenere la seconda linea di scarico costantemente aperta, dando alla vettura un sound supersportivo. In tal senso, particolare attenzione è stata dedicata all'acustica, ricercando un timbro pieno, capace di esaltare e rendere unico il carattere della vettura grazie ad un sistema di aspirazione ad elevata permeabilità e da un sistema di scarico con valvole ad attuazione elettropneumatica capace di massimizzare le prestazioni ed esaltare il sound. E se in termini assoluti i valori espressi potrebbero sembrare alti, occorre sottolineare come vetture recenti come questa siano appesantite da indispensabili

The car also boasts digital electronic ignition, electronic fuel injection, liquid cooling, pressurised lubrication with a wet sump and an oil pan in-unit with the engine crankcase.

While two three-way catalysers allowed the 8C Competizione to obtain Euro 4 emissions homologation, a "Sport" button located on the central tunnel allowed the second exhaust line to remain constantly open, lending the model all the soundscape of a true supercar.

Particular attention was in fact paid to acoustics, in a search for a full-throated timbre that would exalt and render unique the character of the car. This was achieved thanks to a particularly permeable intake system and an exhaust with an electro-pneumatic valve able to maximize performance and boost the sound.

While the overall values expressed may seem high, it should be emphasised that cars such are actually weighed down by indispensable standard equipment

Carbonio e alluminio anche ingresso serbatoio carburante e, ovviamente, per il battitacco coordinato alla pedaliera su cui sono ripresi gli stessi elementi grafici e compare la scritta "8C Competizione".

Carbonfibre and aluminium for the fuel filler cap and surround and, of course, for the sill plate coordinated with the pedals of which the graphic elements are reprised along with the "8C Competizione" script.

dotazioni di serie necessarie all'omologazione su strada che solo un decennio prima erano sconosciute: air bag frontali Dual Stage (con attivazione a due stadi in funzione dell'intensità dell'urto), barre anti intrusione laterale, elementi della scocca a deformazione controllata, climatizzatore, impianto audio, solo per citarne alcuni. Sono elementi essenziali anche in termini di sicurezza attiva e passiva a cui aggiungere le importantissime luci DRL (Daytime Running Lights) di tipo a basso consumo energetico e i proiettori anteriori Bi-Xenon, ovvero con un'unica lampadina ad alta efficienza sia per gli abbaglianti che per gli anabbaglianti: una soluzione che consente una migliore uniformità di luce e una più ampia illuminazione della strada.

Dalle pinze freno Brembo verniciate con scritta Alfa Romeo (colori: nero, rosso, giallo o alluminio) ai cerchi in lega, molti dettagli esterni della vettura possono essere scelti dal cliente. I cerchi con design a fori da sempre caratterizzano le vetture dell'Alfa Romeo e la speciale finitura di tipo Shining Silver conferisce elevata luminosità grazie allo specifico tipo di grana di alluminio utilizzato. Vi è poi la possibilità di una verniciatura speciale con effetto Dark Shining Silver per i cerchi a fori, che accentua il contrasto luce-ombra delle superfici

required to ensure they were street legal, devices that just 10 years earlier were completely unknown: dual stage front airbags (with staggered actuation in relation to the intensity of the impact), anti-intrusion side impact bars, crumple zones, climate control, and in-car entertainment systems to mention just a few.

Together with these essential active and passive safety elements can be added the very important low energy Daytime Running Lights and Bi-Xenon headlight with a single, high-efficiency bulb for both dipped and main beam lights: a feature that provide more uniform and wider-angle illumination of the road.

From the Brembo brake callipers with the Alfa Romeo badging (colours: black, red, yellow, or aluminium) to the alloy wheels, many external details of the car could be chosen by the client. Wheels with large perforations have long characterised Alfa Romeo cars and the special Shining Silver finish confers a particularly luminous effect thanks to the specific grain of the aluminium used. There was also the possibility of specifying a special finish with a Dark Shining Silver for the wheels, accentuating the light and shadow contrasts of the surfaces and

Il terminale di scarico della versione definitiva della 8C Competizione differisce leggermente da quello dell'esemplare esposto al Museo Alfa Romeo di Arese (in foto) i cui elementi circolari sono più ravvicinati.

The exhaust terminal of the definitive 8C Competizione differed slightly to that of the example on display in the Museo Alfa Romeo Museum in Arese (photo), the circular elements of which are closer together.

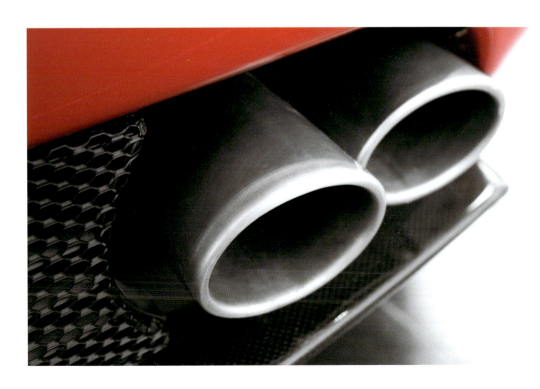

e dona ancora più lucentezza oltre ad un aspetto aggressivo. Viene ottenuto applicando su un fondo nero lucido altri strati di vernice contenente alluminio con grana di piccolissime dimensioni e successivamente con l'applicazione di una protezione lucida trasparente. Per la versione Racing a cinque razze, invece, il cerchio è ottenuto per lavorazione meccanica da un grezzo di alluminio forgiato con un canale fluoformato. Questo processo consente un'ulteriore riduzione di peso del 40% rispetto ad un cerchio dalle analoghe caratteristiche e la sua finitura è ottenuta con lucidatura Polished che conferisce un aspetto ancora più lucido e tecnologico.

È poi possibile equipaggiare il proprio esemplare con quello che è forse il simbolo che, più di tutti, rappresenta la vocazione sportiva di Alfa Romeo: il Quadrifoglio verde su sfondo bianco. Dopo l'esordio sulla RL nella XIV edizione della Targa Florio del 1923 e l'utilizzo sulle GTA su 33 Stradale, 33 TT e 156 impegnate nel WTCC del 2004, è la 8C Competizione a giovare della possibilità di fregiarsi di questo fortunato emblema. È un adesivo triangolare che può essere apposto sulle fiancate, poco sopra le frecce laterali, che a scelta del cliente può sottolineare (semmai ce ne fosse bisogno) il temperamento della vettura.

lending even more lustre and an aggressive appearance. This was obtained by applying coats of paint containing minuscule aluminium particles over a gloss black ground with the successive application of a glossy clearcoat. For the five-spoked Racing version instead, the wheel was machined from a forged aluminium billet with a flow formed rim. This process consented a further reduction of weight in the order of 40% with respect to a wheel of similar characteristics and its polished finish conferred an even cleaner and more technological appearance.

It was also possible to equip one's car with what is perhaps the symbol that more than any other represents Alfa Romeo's sporting vocation: the green Cloverleaf on a white ground. Following the debut of the RL in XIV edition of the Targa Florio in 1923 and its use on the GTA, the 33 Stradale, 33 TT and the 165 raced in the 2004 WTCC, the 8C Competizione could also boast this evocative symbol. The triangular decal could be applied by customer choice to the flanks just above the indicators just ahead of the A-pillar, underlining (ad if it was necessary) the temperament of the car.

UN TELAIO COMPLESSO

A COMPLEX CHASSIS

Su iniziativa del Gruppo Fiat, nel 1988 nasce Elansis SCpA, un centro di ricerca ad elevata specializzazione nel settore dell'innovazione tecnologica dello sviluppo di veicoli, della mobilità, del suo impatto sull'ambiente e della sicurezza stradale. La sede è a Pomigliano d'Arco, vicino a Napoli, e al Centro fanno capo circa ottocento tra ricercatori e tecnici che svolgono prevalentemente attività per i consorziati, soprattutto nel settore *automotive engineering*.

Le competenze del polo di Pomigliano sono legate prevalentemente all'esperienza acquisita tramite attività di sviluppo e progetti di ricerca in relazione ad architetture e materiali innovativi, metodologie di progettazione e sperimentazione, sviluppo di motopropulsori, di sistemi elettronici di controllo, simulazione e sviluppo prestazioni di sicurezza, comfort acustico e

At the behest of the Fiat Group, Elasis SCpA was founded in 1988, a highly specialised research centre working on technological innovation for the development of motor vehicles, mobility, its environmental impact, and road safety. The company is based at Pomigliano d'Arco near Naples and employs around 800 researchers and technicians who work prevalently with partners, above all in the automotive engineering sector.

The expertise at the Pomigliano centre is based above all on the experience acquired through research and development projects relating to innovative architectures and materials, design and experimentation methodologies, the development of power units, electronic control systems, simulations and the development of safety performance, acoustic and vibrational

Pomigliano d'Arco. Elansis SCpA è un centro di ricerca a elevata specializzazione per lo sviluppo di veicoli, della mobilità, del suo impatto sull'ambiente e della sicurezza stradale.

Pomigliano d'Arco. Elasis SCpA is a highly specialised research centre for the development of motor vehicles, mobility, its environmental impact, and road safety.

vibrazionale e, ovviamente, aerodinamica. Sono attività che coinvolgono diversi fornitori di componentistica ed engineering, con un indotto in costante crescita e un interesse accademico (soprattutto dell'Università Federico II di Napoli e dell'Università di Roma Tor Vergata) per lo sviluppo di tematiche di interesse comune per metodologia di progettazione e di fluidodinamica computazionale.

Nello specifico, con il progetto 8C Competizione, Elasis viene incarica dello studio di una *flagship* di Marca per sostenere una crescita verso il settore premium delle vetture più elitarie seguendo la strategia del "polo sportivo" mediante un progetto che diventi una vetrina tecnologica e di stile che serva contemporaneamente ad alimentare la futura gamma Alfa Romeo con nuovi stilemi e tecnologie finalizzate alla riduzione del peso. Allo stesso tempo, il progetto deve rispondere alla necessità di richiamare l'attenzione dei collezionisti di tutto il mondo affinché diventino loro stessi i testimoni di un nuovo corso, anche attraverso elementi di comunicazione e lifestyle.

comfort and, of course, aerodynamics. These activities involve diverse component and engineering suppliers, with a steadily growing supply chain and academic connections (above all with the Federico II University of Naples and the Tor Vergata University of Rome) regarding the development of themes of common interest in terms of design methods and computational fluid dynamics.

In terms of the 8C Competizione project, Elasis was commissioned to work on a marque flagship that would support growth towards the premium sector of more elite cars, following the "sporting focus" strategy through a project that became a technological and styling showcase that also served to feed the future Alfa Romeo range with new styling features and technologies aiming at reducing weight. At the same time, the project was required to respond to the need to attract the attention of collectors throughout the world so that they themselves could testify to the marque's new direction through communications and lifestyle campaigns.

Per farlo, si deve partire dall'analisi del contesto storico in cui le Alfa Romeo si collocano nel tempo. La Giulia Sprint Gta (1965-1969) ad esempio, ha come concorrenti la Bmw LS Coupè, la Lancia Flavia Sport e la Lancia Fulvia HF. La vincente e iconica 33 Stradale (1967-1969) deve invece misurarsi con la Bizzarrini GT, con l'Aston Martin DB6, la Dino Ferrari, la Chevrolet Corvette, la Ferrari 275, la Lamborghini Miura e la Ford GT, solo per citarne alcune. La Montreal, invece, ha rivalità con le Bmw 2000 e 2800 CS, la Chevrolet Camaro, la Porsche 911, la Dino Ferrari e la Mercedes 280. Più tardi, le ES30 S.Z. e R.Z. devono concorrere con Renault Alpine, Bmw Z1, Ferrari 328 GTB e GTS, ancora Chevrolet Corvette, Porsche 911 e 944 e Lotus Esprit. Nell'odierno studio, quindi, è chiaro come il basket di riferimento della concorrenza assuma particolare rilievo. Per ottenere le dimensioni esterne che l'auto avrebbe dovuto avere, vengono presi come parametri di riferimento alcuni modelli: Ferrari 430, Ferrari 599 GTB, Maserati Quattroporte, Alfa Romeo Brera, Chevrolet Corvette, Dodge Viper e Porsche 911. Ma oltre alle concorrenti, particolare importanza assume il raffronto tra lo studio sulle dimensioni di Elasis del 2004 e quello realizzato dal CAS 6 nel mese di giugno 2006, in cui tutti i principali parametri di riferimento (lunghezza, passo, sbalzo anteriore e posteriore, altezza) risultano maggiori. Ottimizzazione del baricentro della vettura, contenimento dei pesi, elevata rigidezza torsionale, rispetto del concept originale e pianale derivato da piattaforma comune sono gli elementi imprescindibili su cui occorre lavorare.

Il *timing* di progettazione è scandito da uno studio preliminare delle superfici esterne e interne della

Il Gruppo promuove lo studio di una *flagship* per sostenere una crescita verso il settore premium delle vetture seguendo la strategia del "polo sportivo".

The group promoted the study of a flagship to support growth towards the premium car sector, following the "sporting centre" strategy.

To do this, the team had to start out from an analysis of the historical context in which Alfa Romeos had been located over time. The rivals to the Giulia Sprint GTA (1965-69), for example, were the BMW LS coupé, the Lancia Flavia Sport, and the Lancia Fulvia HF. The iconic 33 Stradale (1967-69) instead had to compete with the Bizzarrini GT, the Aston Martin DB6, the Dino Ferrari, the Chevrolet Corvette, the Ferrari 275, the Lamborghini Miura, and the Ford GT, to mention just a few. The Montreal instead went up against the BMW 2000 and 2800 CS, the Chevrolet Camaro, the Porsche 911, the Dino Ferrari, and the Mercedes 280. Later, the ES30 SZ and RZ had to contend with the Renault Alpine, BMW Z1, Ferrari 328, the Chevrolet Corvette again, the Porsche 911 and 944 and the Lotus Esprit.

With the project in question, it is clear how the reference group of competitors takes on particular importance. To establish the external dimensions the car was to have, several models were taken as reference parameters: the Ferrari 430, Ferrari 599 GTB, Maserati Quattroporte, Alfa Romeo Brera, Chevrolet Corvette, Dodge Viper and Porsche 911. Along with the competitors of great importance with the comparison between Elasis' study of dimensions from 2004 and the one conducted by CAS 6 in the month of June 2006, in which all the principal reference parameters (length, wheelbase, front and rear overhangs, height) were greater. Optimizing the car's centre of gravity, containing weight, ensuring elevated torsional stiffness, respect for the original concept and the floorpan derived from a shared platform were essential elements of the project.

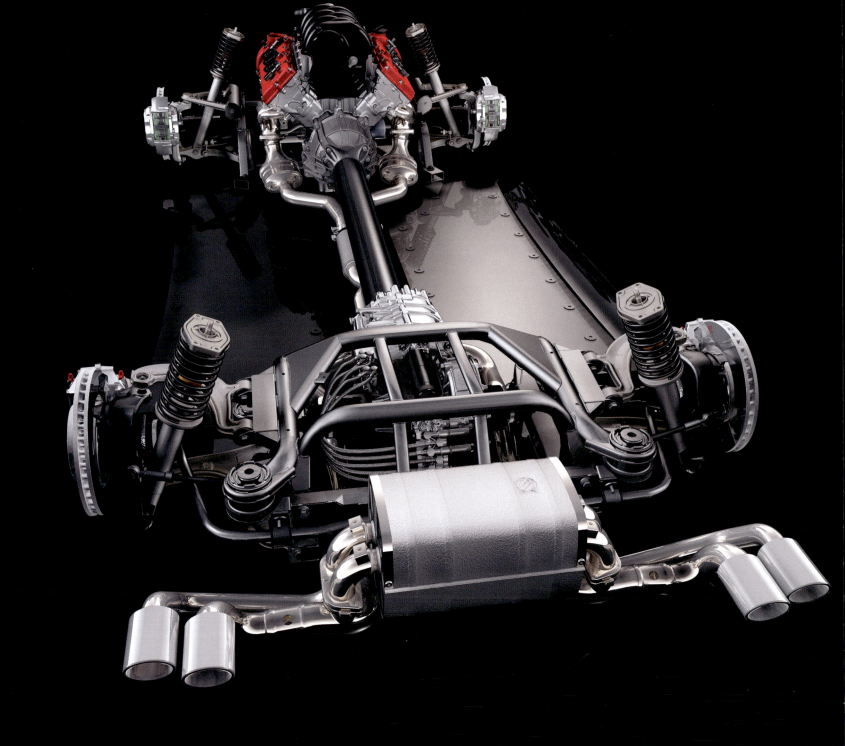

L'architettura transaxle della 8C Competizione: collegamento rigido fra motore longitudinale anteriore e cambio posteriore con motopropulsore all'interno degli assi ruote.

The transaxle architecture of the 8C Competizione: a rigid connection between the front longitudinal engine and the rear-mounted gearbox with the engine located between the axles.

carrozzeria (Concept), in funzione dello stile e del dimensionamento delle sezioni e, una volta definito il miglior dimensionamento e packaging, viene avviato l'attrezzamento dei componenti di carrozzeria (*Style Freeze* e *Tooling*).

Durante la realizzazione degli stampi, si ottimizza il progetto delle fibre di carbonio e mediante simulazioni virtuali in termini di materiali, l'orientamento delle fibre e il numero di strati (che arriva attraverso le fasi di *Ply Book Release* e *Process Verification*, fino alla fase di *Job 1*).

Location di progetto e produzione che devono lavorare in sinergia sono Torino, Arese, Modena, Pomigliano d'Arco e Colonnella (dove ha sede la ITCA) che, nello specifico, dovrà contribuire al progetto per minimizzare il peso del telaio in acciaio. In tal senso, la scocca dovrà necessariamente avere una struttura multi-materiale ibrida, con opzioni analizzate tra alluminio, traliccio in acciaio e pannelli in fibra di carbonio e la struttura in fibra di carbonio.

In assenza di *benchmarking* di riferimento, per progettare una scocca con pianale in acciaio e una carrozzeria

The timing of the design work was broken down into a preliminary study of the external and internal surfaces of the bodywork (Concept) in relation to the styling and the dimensioning of the sections, while once the optimum dimensions and packaging had been defined it was the turn of the tooling for the bodywork components (Style Freeze and Tooling).

During the production of the dies, the carbonfibre component design and through virtual simulations of the materials, the orientation of the fibres and the number of layers were optimized (progressing via the Ply Book Release and Process Verification through to the Job 1 phases).

The design and production facilities that had to work in synergy were located in Turin, Arese, Modena, Pomigliano d'Arco and Colonnella (home of ITCA), this last being responsible for the minimization of the weight of the steel chassis. To this end, the bodyshell necessarily had to have a multi-material hybrid structure, with the options analysed being aluminium, a steel spaceframe and carbonfibre panels and a structure in carbonfibre.

in fibra di carbonio, la scelta ricade sulla macro scomposizione (sia verticale che orizzontale) e sulla tipologia di giunzione, con opzioni analizzate in relazione ai vincoli di stile, all'ottimizzazione del peso e della tenuta strutturale, della fattibilità tecnologica e della gestione delle tolleranze.

Per ottimizzare le sinergie con la piattaforma comune, Elasis sceglie di realizzare delle giunzioni verticali in corrispondenza della linea di cintura. Su specifici longheroni in acciaio, vengono così apposte delle giunzioni strutturali primarie sui montanti mediante collegamenti filettati ed incollaggio (sia all'anteriore che al posteriore).

La superficie esterna, invece, è ricavata da un unico stampo, in modo da evitare tagli. Il rivestimento esterno e l'*upper body* (cioè l'ossatura del veicolo) sono co-curati, con l'incollaggio che avviene a caldo all'interno dello stampo, sfruttando la deformabilità dell'elemento non curato. Le criticità rilevate di accoppiamento fra pianale e carrozzeria relative alla registrazione verticale vengono risolte mediante flange dimensionate alla base dell'*upper body* in modo da recuperare eventuali disallineamenti in campo elastico.

In the absence of benchmarks, for the design of a shell with a steel floorpan and bodywork in carbon-fibre, it was decided to opt for macro-sectioning (both vertical and horizontal), with the type of joints analysed in relation to styling, weight optimization, structural strength, technological feasibility, and tolerance management restrictions.

To optimize the synergies with the shared platform, Elasis chose to create vertical joints in correspondence with the beltline. On dedicated steel longerons, primary structural joints were mounted on the uprights via threaded connectors and bonding (both front and rear).

The external surface is instead created in a single mould so as to avoid cuts. The external panels and the upper body (the car's frame in other words) are co-cured, with the hot bonding executed in the mould, exploiting the deformability of the component before curing. The critical aspects of the mating of the floorpan and bodywork relative to the vertical register were resolved through flanges dimensioned at the base of the upper body so as to correct for any misalignments within the elastic field. The flanges on

Messa "a nudo", la 8C Competizione rivela la tecnica raffinata di un progetto che usufruisce dell'importante esperienza modenese, con una posizione guida arretrata, baricentro vettura ottimizzato, contenimento dei pesi ed elevata rigidezza torsionale. Nella pagina a fianco, il gruppo di lavoro che ha seguito lo sviluppo del progetto.

Stripped "bare", the 8C Competizione reveals all the sophisticated technology of a project that drew on the extensive experience accumulated at Modena, with a set back driving position, an optimized centre of gravity, well contained weight and elevated torsional rigidity. On the facing page, the working group responsible for the development of the project.

Le flange di chiusura del pianale, invece, sono gli ultimi componenti saldati al pianale stesso, in modo da minimizzare l'errore geometrico.

L'importanza è anche quella di una verifica in caso di urti laterali, frontali e posteriori, al fine di monitorare il comportamento strutturale della cella e delle parti in fibra di carbonio (notoriamente soggette a rottura fragile, associata a basso assorbimento di energia) o delle strutture in acciaio, dapprima con test virtuali, poi con le necessarie prove fisiche.

Ma al di là dello studio realizzato sulle linee di carico per valutare le reazioni delle componenti, di particolare interesse è quello attuato sulle anomalie segnalate in fase di montaggio. In particolare, smontando il pannello porta, si rileva il laceramento dei fori di fissaggio in carbonio e la soluzione adottata è quella di modificarli con inserti in alluminio in corrispondenza dei fissaggi stessi. Ma oltre questi aspetti estremamente tecnici, quella maturata con 8C Competizione è un'esperienza che ha consentito a Elansis di acquisire un *know-how* specifico nella progettazione di strutture in fibra di carbonio e le relative applicazioni, con tutte le implicazioni legate al prodotto industriale automotive, dall'impostazione all'avvio produttivo (seppure in serie limitata) che diventa così un nuovo strumento per la progettazione di nuovi veicoli con struttura in carbonio: primo fra tutti la 8C Spider che vedrà la luce poco dopo.

the floorpan were instead the final components to be welded to the floorpan itself, so as to minimize any geometric error.

It was also important to verify side, front and rear impacts, in order to monitor the structural behaviour of the cell and the carbonfibre parts (notoriously prone to brittle fracture, associated with low energy absorption) and steel structures, first with virtual tests, then with the necessary physical tests.

However, aside from the study of the load lines to evaluate the reactions of the components, of particular interest was the one regarding anomalies reported during the assembly phase. In particular, removing the door panel revealed the laceration of the carbonfibre fixing holes, with the solution adopted being to modify them with inserts in aluminium in correspondence with the fixtures.

Beyond these extremely technical aspects, the experience gained with the 8C Competizione enabled Elasis to acquire specific know-how in the design of carbonfibre structures and their applications, with all the implications for the automotive product, from set-up to production (albeit in a limited series). This know-how thus became a new tool for the design of vehicles with a carbon structure: first and foremost, the 8C Spider, which was to be launched shortly afterwards.

«Puro stile in movimento, una scultura di superfici levigate a cui chiedere tutto, tranne di restare ferma. Alfa 8C Spider apre la strada ai modelli di domani. Un capolavoro di equilibrio, tra terra e cielo, tradizione e nuovi traguardi».
L'essenzialità e l'efficacia della comunicazione in poche righe, quasi istintive, d'impatto. È come ritrovare l'essenza della purezza delle forme della 8C Competizione in un'altra, nuova e diversa vettura. Questa volta è una due posti che fa sognare "a cielo aperto" i collezionisti di tutto il mondo.
"Grace and race", dirà la brochure di presentazione: leggasi leggenda e leggerezza. E non potrebbe essere diversamente, avendo ereditato lo spirito della granturismo Competizione disegnata dal Centro Stile di Arese, essenza e sintesi di passione e ricercatezza tecnica.

"Pure style in movement, a sculpture of polished surfaces of which you can ask anything other than immobility. The Alfa 8C Spider opens the way to the models of tomorrow. A masterpiece of equilibrium, between land and sky, tradition and new objectives."
The simplicity and efficacy of communication in just a few, almost instinctive, impactful lines. It was like finding the essence of the purity of the forms of the 8C Competizione in another, new, and different car. This time a two-seater that set collectors throughout the world dreaming dreams with the wind in their hair.
"Grace and race", as the presentation brochure was to read, legend and lightness it might be said. And it could hardly be any different, having inherited the spirit of the Competizione coupé designed by

Ma facciamo un piccolo balzo temporale. Sebbene vi sia stata un'anticipazione del concept a Pebble Beach, nel 2005 e al Concorso d'Eleganza di Villa d'Este l'anno seguente (dove vince il Design Award for Concept Cars & Prototypes), a ottobre del 2006 l'idea della commercializzazione di una versione scoperta della 8C è ancora un'incognita. Chi però ha avuto la fortuna di veder sfrecciare il prototipo rosso sulla durissima pista del Nürburgring, in Germania, è rimasto molto colpito dal suo incedere disinvolto tra le curve.

Dopo le prime informazioni e immagini di inizio 2008 e la presentazione in livrea bianca (preferita al rosso Alfa), al 78° Salone internazionale di Ginevra la 8C Spider è finalmente una realtà. Perdendo la denominazione "Competizione" a favore di "Spider," diventa il nuovo oggetto del desiderio di facoltosi clienti che non sono riusciti ad aggiudicarsi la prima versione, quella coupé. Inizialmente, ancora una volta, la Casa sceglie una tiratura limitata e numerata di soli 500 esemplari.

Arese Styling Centre, the essence and synthesis of passion and technical sophistication.

But let's take a step back in time. Although there had been a preview of the concept at Pebble Beach in 2005 and at the Villa d'Este Concours d'Elegance the following year (where it won the Design Award for Concept Cars & Prototypes), in the October of 2006, the idea of a commercial launch for the open-top 8C was still to be defined.

However, those who were fortunate enough to see the red prototype flash past on the gruelling Nürburgring circuit in Germany were struck by its confident progress through the corners.

Following the initial information and images released early in 2008 and the presentation in a white livery (preferred to Rosso Alfa), the 8C Spider was finally a reality at the 78th International Geneva Motor Show. Dropping the *Competizione* name in favour of *Spider*, it became the new object of desire for wealthy

Al 78° Salone internazionale di Ginevra, la presentazione in livrea bianca è preferita al più classico rosso Alfa: così la 8C Spider diventa il nuovo oggetto del desiderio di quei clienti che non sono riusciti ad aggiudicarsi la prima versione, quella coupé.

At the 78th International Geneva Motor Show, a white livery was preferred to the traditional Rosso Alfa: the 8C Spider became the new object of desire for wealthy clients who had missed out on the original coupé version.

È però un dato, questo, su cui occorre una duplice riflessione. Negli anni a venire, si parlerà di 329 unità vendute, con diverse testate giornalistiche a riprendere questo dato che comprende però anche alcuni esemplari post-produzione e quelli impiegati sulla pista di Balocco.

Per decisione stessa dell'allora dirigenza del brand, essendo venuta meno una componente fondamentale per il mercato statunitense, subentrerà la decisione di fermare la produzione prima del raggiungimento delle unità inizialmente previste. Proprio come per la 8C Competizione, la produzione risente di elevati costi dettati dall'esclusiva artigianalità dell'auto che, di fatto, viene venduta ad un prezzo inferiore rispetto ai contenuti espressi. Vengono così accontentati solo i clienti che, in fase preliminare e di apertura ordini, hanno deciso di acquistarla.

Ma al di là del mero aspetto che contraddistingue il futuro commerciale della 8C Spider, occorre segnalare come il ritorno al Salone Internazionale di Ginevra porti con se numerose novità. La Casa, infatti, sceglie un'area espositiva di forte impatto scenografico, realizzata con materiali innovativi e preziosi. Lo stand propone contrasti raffinati, tra superfici lucide e opache, oltre che per l'alternarsi del rosso, nero e acciaio. Il tutto, unito al rigore e all'essenzialità del progetto, concorre a ricreare un'atmosfera sofisticata che rappresenta tutta la tecnologia e l'eleganza italiana nel mondo automotive e del design. Così l'Alfa Romeo diventa protagonista indiscussa e, in fondo non può essere da meno, visto che l'attrazione principale dello stand è lei, la 8C Spider, la nuova scoperta che eredita le carte

Sognare a cielo aperto in una scultura dalle linee pulite, essenziali, in una sintesi perfetta di eleganza e stile.

Open air dreams in a rolling sculpture with clean, simple lines in a perfect synthesis of elegance and style.

clients who had missed out on the original coupé version. Once again, the firm initially opted for a limited and numbered series of just 500 examples. However, this is something on which to reflect for two motives. In the years to come, there was to be talk of 329 units sold, with several periodicals reporting this figure which also included several post-production examples and those used on the Balocco test track.

With a key component for the US market missing, the then powers that be had decided to stop production prior to the reaching of the total number of examples originally intended. As with the 8C Competizione, production was affected by the elevated costs dictated by the exclusive craftsmanship that went into the car, which was actually sold at a price lower than might have been expected for a car of this level. Only those customers who had placed a firm order in the preliminary phase were satisfied.

Above and beyond the aspect that was to distinguish the commercial future of the 8C Spider, it should be mentioned that the return to the Geneva International Motor Show brought with it numerous novelties. The manufacturer in fact went with a stand with of great impact, realised with innovative, attractive materials. It featured sophisticated contrasts between polished and opaque surfaces, as well an alternation of red, black and steel. All this, combined with the rigour and essentiality of the project, contributed to the creation of a sophisticated atmosphere representing all the technology and elegance of Italian automotive design. Alfa Romeo therefore became an undisputed protagonist and it could hardly have

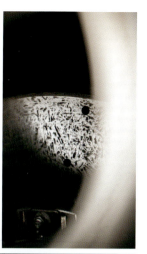

Possibilità di personalizzazione della livrea con il Quadrifoglio, simbolo della sportività Alfa Romeo dal 1923. Dal punto di vista tecnico, particolarmente importante è l'adozione di un rinnovato impianto frenante carboceramico.

Opportunities for personalising the car with the Quadrifoglio, the cloverleaf symbol of Alfa Romeo sporting achievements since 1923. From the technical point of view, what was particularly important was the adoption of a revised carbon-ceramic braking system.

È indubbiamente una vettura da collezione, la 8C Spider. Come per la versione Competizione, inizialmente sarà prevista una tiratura di soli 500 esemplari che, per decisione stessa del Marchio, diverranno poi ancora meno.

The 8C Spider is without doubt a collector's car. As with the Competizione version, it was initially intended to be produced in a batch of just 500 examples which the company later decided to reduce still further.

vincenti della versione coupé che tanto successo ha riscosso già dalla presentazione del suo concept.

La nuova cabriolet si fa apprezzare subito per l'inconfondibile eleganza e stile, unico e inimitabile, tipico del Made in Italy, che preannuncia il piacere di una guida sportiva e la certezza di quei valori che rispecchiano la tradizione del Marchio.

E se la meccanica resta invariata, la struttura viene irrobustita da un nuovo anello parabrezza monolitico di fibra di carbonio che dona maggior rigidezza alla scocca (soprattutto in caso di ribaltamento) e contribuisce nel contempo ad abbassare il centro di rollio dell'auto. Il serbatoio viene spostato verticalmente verso i sedili e viene adottato un nuovo impianto frenante CCM con dischi carboceramici da 380 mm – anziché da 360 mm – per l'asse anteriore e da 360 mm – anziché da 330 mm – per il posteriore, consentendo così di migliorare le prestazioni evidenziate dall'impianto di cui è dotata la 8C Competizione.

been otherwise given that the principal attraction on the stand was of course the 8C Spider, the new open-top supercar that inherited the winning formula of the coupé version that had enjoyed so much success ever since the presentation of the concept prototype. The new cabriolet was immediately appreciated for its unmistakeable elegance and style, unique and inimitable, typical of the Made in Italy phenomenon, which promised driving pleasure and the certainty of the values reflecting the best traditions of the marque.

While the mechanical specification remained unchanged, the chassis was strengthened with a new monolithic windscreen hoop in carbonfibre that increased the stiffness of the passenger cell (especially in case of overturning), while also contributing to a lowering of the car's roll centre. The fuel tank was shifted vertically towards the seats and a new CCM braking system was adopted with 380 mm carbon

Dal punto di vista del design, il taglio del tetto non ha mortificato l'equilibrio delle forme anche grazie al posteriore rialzato che diventa ancor più evidente proprio per l'assenza del montante posteriore.
Ad eccezione della targhetta identificativa, restano pressoché invariati, strumentazione, plancia e tunnel centrale.

From a design point of view, the removal of the roof took nothing away from the car's visual balance, thanks in part to the raised rear end which became even more evident thanks to the absence of the rear pillar. Apart from the badging, the instrumentation, dashboard, and central tunnel remained unchanged.

Viene rivisitato l'assetto e migliorato il comportamento su strada: sebbene la "massa" cresca di circa 90 kg, le emozioni sono comunque garantite.

I quattro scarichi cromati al posteriore sbucano dal fondo del paraurti e sembrano essere persino più pronunciati rispetto a quelli adottati dalla versione coupé. Il coefficiente cz di deportanza inferiore allo zero contribuisce a ottimizzare la stabilità dell'auto, soprattutto in percorrenze ad alta velocità. Infatti è l'assenza di spigoli e difformità ad agevolare l'andatura della 8C Spider, creando questo effetto negativo che, solitamente, è percettibile solo su vetture da competizione. Ed è proprio il responsabile del progetto, l'ingegnere Domenico Bagnasco, a spiegare come anche su 8C Spider vengano adottate le più moderne tecnologie,

ceramic front brake discs – rather than 360 mm – and 360 mm discs at the rear – rather than 330 mm – which improved the performance of the braking system fitted to the 8C Competizione.

The set-up was revised and the handling was improved: even though the mass increased by around 90 kg, the thrills were still guaranteed.

The four chromed rear exhausts emerged from the bottom of the bumper and appeared to be even more pronounced that those adopted on the coupé. The Cz lift coefficient below zero contributed to the optimization of the car's stability, above all at high speeds. In fact, the absence of protrusions and odd shapes facilitated the 8C Spider's penetration, creating this negative lift effect that is generally only perceptible

L'esemplare protagonista del servizio fotografico effettuato presso l'Heritage Hub di Stellantis è nella più classica colorazione rossa. Gli spazi espositivi torinesi accolgono alcuni tra gli esemplari più interessanti della produzione del Gruppo.

The example featured in the photo shoot at the Stellantis Heritage Hub was finished in the classic red livery. The exhibition spaces in Turin house some of the most interesting examples of the group's output.

sia per ciò che concerne lo studio in galleria del vento che nelle prove su strada.

Equipaggiata dallo stesso, potente, 8 cilindri da 4,7 litri da 450 cavalli (quello di derivazione Ferrari) abbinato a un cambio robotizzato a sei rapporti (che comincia a far sentire il peso di un progetto ormai superato), la versione Spider di 8C si conferma una vettura bella, potente e solida, dove l'armonia delle forme e dei volumi sposa perfettamente l'eccellenza meccanico-motoristica, sebbene evidenzi una minor affidabilità dell'elettronica, proprio come sulla versione coupé.

Il successo non si fa attendere: accanto all'affascinante Spider, a Ginevra viene esposta anche la versione Competizione che, come abbiamo detto, rappresenta la migliore sintesi di innovazione proposta da Alfa Romeo declinata secondo valori d'eccellenza, di incremento della competitività e continua ricerca tecnologica.

with racing cars. It was the head of the project himself, Ingegnere Domenico Bagnasco, who explained how on the 8C Spider too the most modern technologies had been adopted, both during the wind tunnel studies and the road testing phase.

Equipped with the same powerful, Ferrari-derived 4.7-litre V8 engine producing 450 hp, combined with a robotized six-speed gearbox (which had actually begun to show signs of being an outdated design), the Spider version of the 8C was a beautiful, potent, and well-designed car in which the harmony of the forms and volumes was perfectly matched by the excellence of the mechanical specification, despite reliability issues with the electronics suffered by the coupé version too.

Success, however, was immediate: the Competizione version was also exhibited at Geneva alongside the

Il vano bagagli, piccolo e dall'ingresso difficoltoso, la presenza delle dotazioni d'emergenza di serie, pone l'accento sull'opportunità di dotarsi dello specifico set di valigie accessorio da collocare nell'abitacolo, dietro la selleria.

In the small and difficult to access luggage compartment, the presence of standard emergency equipment encourages the purchase of the bespoke luggage set, to be located in the cockpit, behind the upholstery.

Anche lei diviene un'auto desiderata da tutti gli Alfisti, destinata però a diventare un oggetto di culto accessibile a pochi, facoltosi clienti. E in fondo le "icone" servono proprio a questo e ogni costruttore che si rispetti deve avere a listino vetture di questo genere. E finalmente, nel Gruppo FCA, questa volta, sembra sia stato compreso. Dal punto di vista del design, rispetto alla versione coupé, nessuno stravolgimento. Il taglio del tetto non ha portato particolari sforzi né ha mortificato l'equilibrio delle forme, anche grazie al posteriore rialzato che diventa ancora più evidente proprio per l'assenza del montante posteriore.

La 8C Spider colpisce per l'immutato stile, per le sue fiancate poderose e nel contempo sapientemente leggere; è capace di trasmettere la sensazione di "quel brivido garantito", di quella sensazione di libertà da godere a pieni giri, senza esitazioni.

stunning Spider, representing the finest synthesis of the innovations proposed by Alfa Romeo along with its values of excellence, increased competitiveness and continuous technological research.

The Spider became yet another object of desire for all Alfisti, but was of course destined to be a cult model accessible to a very wealthy few. At the end of the day, this is what these "icons" are for and every self-respecting constructor has to have cars of this kind in its range. And the FCA Group finally seemed to have recognised this.

From the point of view of styling, there were no major changes with respect to the coupé. The removal of the roof was fairly easy and took nothing away from the car's visual balance, thanks in part to the raised rear end which became even more evident thanks to the absence of the rear pillar.

Pur rimanendo inalterate, le proporzioni appaiono diverse e alcuni piccoli elementi stilistici e cromatici che si discostano dalla Competizione sono funzionali al progetto, con una cornice parabrezza e specchi retrovisori esterni verniciati di nero che trasmettono l'idea di una vettura ancora più bassa.

Sempre nel rispetto della tradizione (richiamando per questo le leggendarie Giulietta Spider e Spider "duetto", ma nel contempo nella vincolante necessità di contenere i pesi), la 8C Spider viene equipaggiata con una classica capote in tela multistrato di colore nero – a scelta è ordinabile dal cliente anche nelle varianti colore marrone o rosso – completa di lunotto in vetro e wind stop asportabile.

La capotte è composta da due teli sovrapposti resistenti agli agenti atmosferici e intervallati dalla presenza di uno strato insonorizzante dell'abitacolo che segue lo schema "Z-Fold". L'apertura e la chiusura, invece, sono affidate a un sistema semiautomatico ed elettroidraulico: dopo aver sbloccato la maniglia di aggancio,

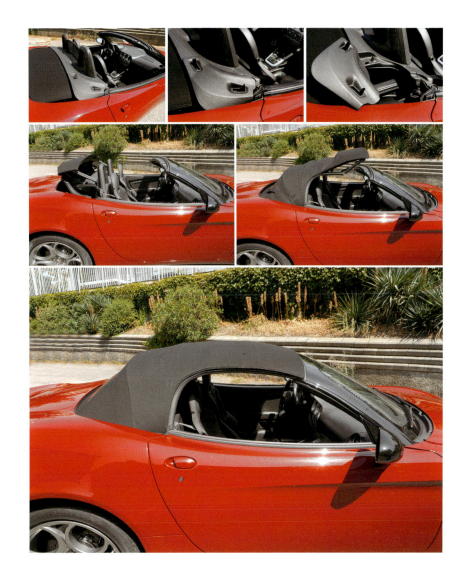

The 8C Spider caught the eye thanks to its timeless style, its muscular yet masterfully light flanks; it was capable of transmitting the sensation of that "guaranteed thrill", of that freedom to be enjoyed at full throttle, without hesitation.

While remaining unaltered, the proportions seem different and certain minor stylistic and chromatic elements differing with respect to the Competizione contributed to the design, the black-painted windscreen surround and external mirrors helping to create the impression of an even lower car.

Respecting traditions again (referencing in this case the legendary Giulietta Spider and the Spider (Duetto), while also recognising the need to contain overall weight), the 8C Spider was equipped with a classic multi-layer black canvas hood – clients also had the option of ordering brown or red variants – complete with a glass rear sceen and a removable wind stop.

The hood was composed of two superimposed layers of canvas offering weather protection which

Una procedura sicuramente complessa. La copertura con meccanismo chiuso e lo sblocco manuale che, con fermi liberi, consente di togliere la copertura (da riporre nel bagagliaio). Solo successivamente è possibile effettuare il sollevamento della capotte in tela che andrà poi bloccata dall'interno.

An undoubtedly complex procedure. The cover with the mechanism closed and the manual release which, with the locks free, allows the cover to be removed (and stowed in the boot). Only then can the canvas hood be raised, which is then locked in place from the inside.

infatti, l'impianto di azionamento è attivabile da un pulsante ubicato sulla plancia. L'operazione richiede in tutto circa venti secondi di tempo.

E proprio in tema di capote, una precisazione è d'obbligo circa la variazione d'altezza rilevabile su 8C Spider a fronte della Competizione, la cui altezza cresce da 1341 mm a 1366 mm (con capote chiusa), che scende a 1308 mm quando si decide di viaggiare con il vento tra i capelli.

All'esterno, per ciò che concerne la carrozzeria, linee e curve vengono enfatizzate da cinque variazioni sul tema che, attraverso l'uso sapiente del colore, donano un'immagine elegante, intramontabile, aggressiva, essenziale, eterea. Il tutto al netto della possibilità di personalizzazione da parte del cliente con colori campione extraserie, proprio come sulla 8C Competizione: *Rosso Alfa*: l'essenza e l'intensità della passione Alfa Romeo; *Bianco Madreperla*: la luce che caratterizza le linee dell'auto; *Rosso Competizione*: la particolarità di un colore sportivo; *Grigio Magnesio*: l'eleganza

Ultimato il movimento esterno della capote, dall'interno occorre bloccarla con l'apposita maniglia. Per l'operazione inversa si deve sbloccare il maniglione e dare un colpo con la mano, quindi sollevare di qualche centimetro la capote e poi con il pulsante attivare il motorino di apertura. Solo allora è possibile ricollocare le coperture laterali del meccanismo.

When the external movement of the hood has been completed, it has to be locked in place from the inside using the handle. For the reversed operation, the handle has to be released and struck with the hand; the hood is then raised by a few centimetres and then the button is pressed to activate the electric mechanism. Only then can the lateral covers over the mechanism be fitted again.

sandwiched a layer of sound damping material, all three following the Z-fold configuration. Opening and closing was taken care of by a semi-automatic electro-hydraulic system: after having unlocked the clasp, in fact, the mechanism was activated via a button on the dashboard. The operation required a total of around 20 seconds.

With regard to the hood, mention has to be made of the variation in height between the 8C Spider and the Competizione, the open top version taller at 1366 mm (with the hood closed) with respect to the coupé's 1341 mm, while with the hood down and the wind in your hair, the Spider tops out at 1308 mm.

Externally, with regard to the bodywork, lines and curves were emphasised through five variations on the theme that, through the skillful, use of colour, lend an elegant, timeless, aggressive, essential and ethereal image. Then there was the possibility for the client to personalise their car with further non-standard colours, just as with the 8C Competizione:

Anche con livrea bianca e interni in pelle "terra di Siena", la 8C Spider colpisce per l'estrema eleganza e pulizia delle sue linee e, ovviamente, per la ricercata artigianalità con la quale viene realizzato ogni dettaglio, esterno ed interno.

In a white livery and with "Terra di Siena" leather upholstery, the 8C Spider is striking in its extreme elegance and clean lines and, of course, for the sophisticated craftsmanship evident in every interior and exterior detail.

di un colore per l'ambiente urbano; *Celeste:* il colore del cielo di cui si tinge la vettura.

Lo stesso avviene per gli interni – ricercati e curati – dove l'attenzione ricade subito sulla selleria a guscio di carbonio con la presenza di *roll-hoops* che nella parte anteriore sono rivestiti di "leatherette" (optional il rivestimento in pelle pieno fiore con cuciture in tono e semiguscio in fibra di carbonio nella parte posteriore). Su intelaiatura Sparco, viene stesa, anche questa volta, una morbidissima pelle firmata da Poltrona Frau, appositamente studiata e migliorata nella tenuta termica all'esposizione al calore (trattamento della pelle "riflettante"): un requisito davvero importante per equipaggiare al meglio una vettura cabriolet, notoriamente più esposta all'aggressione degli agenti climatici estivi.

Il volante di serie è rivestito in pelle pieno fiore microforata di colore nero con cuciture a vista. Razze e paddle di comando cambio sono in alluminio con zone di impugnatura ergonomiche. Il surplus consiste nella

Rosso Alfa: the essence and intensity of the Alfa Romeo passion; *Bianco Madreperla*: light distinguishing the lines of the car; *Rosso Competizione*: the distinctiveness of a sporting colour; *Grigio Magnesio*: the elegance of a colour for the urban environment; *Celeste*: the colour of the sky as applied to a car.

The same was true of the sophisticated interior where attention is immediately caught by the upholstered carbonfibre shells, the roll hoops covered at the front in leatherette (optional covering in full-grain leather with matching stitching and a half-shell in carbonfibre at the front). Once again, the Sparco seat frames were upholstered in wonderfully soft Poltrona Frau leather, designed and improved specifically to cope with exposure to heat (with a reflective leather finish), something that was of crucial importance with an open-top car that would inevitably be subject to aggressive summer temperatures and sunlight.

Un mirato "fattore artigianale" in cui la cura per l'ambiente dell'abitacolo è ancora più importante, intensa e piacevole.

A deliberate "craftsmanship factor" in which care for the interior ambience is even more important, intense, and attractive.

possibilità di personalizzare la parte superiore della corona volante e dei paddle comando cambio mediante applicazioni in fibra di carbonio.

Anche per versione Spider di 8C è disponibile il set firmato Schedoni, con una valigia su misura di dimensioni di 60x30x28 cm predisposta per il vano bagagli posteriore e due porta abiti da agganciare ai sedili, ovviamente realizzati in pelle pregiata, in tinta con i colori dell'esemplare.

Confermate la climatizzazione automatica bizona per regolare la temperatura e la distribuzione dell'aria a seconda delle esigenze degli occupanti, il cruise control per impostare la velocità desiderata, il freno a mano con azionamento di tipo elettromeccanico (inseribile e disinseribile manualmente dal conducente mediante

The standard steering wheel was covered in black micro-perforated full-grain leather with exposed stitching. The spokes and gearshift paddles were in aluminium with ergonomic grips. Here too there was the possibility of customizing the upper part of the steering wheel rim and the gearshift paddles with applications in carbonfibre. As with the coupé, the 8C Spider could be furnsihed with a Schedoni luggage set, featuring a case measuring 60x30x28 cm, designed for the rear lugggae compartment and two suit bags to hook onto the seats, natually made of fine leather in colours matching those of the car.

The standard equipment again featured the twin-zone automatic climate control system permitting the temperature and air distribution to be adjusted

Un nuovo impianto frenante CCM con dischi carboceramici da 380 mm all'asse anteriore e da 360 mm al posteriore consente di migliorare sensibilmente le prestazioni della vettura.

A new CCM braking system with 380 mm front and 360 mm rear carbon ceramic discs permitted the performance of the car to be significantly improved.

la levetta posta sul tunnel centrale oppure automaticamente al disinserimento della chiave di accensione), il sistema di controllo di stabilità (VDC) disinseribile dal conducente e riattivato automaticamente al verificarsi di reazioni che possano pregiudicare la sicurezza e, ovviamente, la targhetta "500 Limited Edition" in argento e personalizzabile come nella versione Competizione ma che cambia poiché riporta la scritta "8C Spider".

L'ingegner Bagnasco ha più volte sottolineato come la ricercatezza dei dettagli di interni e il disegno di molti particolari siano stati il frutto di un mirato fattore artigianale, tratto di inconfondibile eleganza italiana e di stile unico. Rispetto alla versione a cielo chiuso, infatti, la 8C Spider enfatizza la cura per il dettaglio in un ambiente che appare ancora più intenso e piacevole.

according to the needs of the occupants, cruise control to maintain a desired speed, the electro-mechanical handbrake (engaged and disengaged manually by the driver using the lever on the central tunnel or automatically on tuning off the ignition), the VDC stability control system that could be disengaged by the driver and automatically reactivated when reactions were detected that might jeopardise safety and, of course, the "500 Limited Edition" plaque in silver and customisable as on the Competizione version but but naturally reading "8C Spider".

Ingegner Bagnasco continued to emphasise how the sophisticated interior detailing and the design of many minor components were the fruit of a deliberate approach to craftsmanship, an unmistakeable trait of Italian elegance and unique style. Compared to the closed version, in fact, the 8C Spider emphasised the attention to interior detail that appeared even more intense and attractive.

Questione di temperatura

Lo scopo dei test di "riflettanza" è quello di misurare la differenza di temperatura tra il pellame trattato con prodotti *Cool* e quelli non trattati utilizzati invece sulla 8C Competizione.

Mediante l'utilizzo di una lampada da set cinematografico, nei laboratori di Poltrona Frau vengono surriscaldati dei pezzi campione di pelle che, dopo alcuni minuti, vengono sottoposti a rilevamento delle relative temperature, con valori decisamente inferiori nei primi.

In particolar modo, l'effetto "rinfrescante" di un trattamento *Cool* si evidenzia dopo l'esposizione ai raggi solari con un'incidenza maggiore sui colori pelle più scuri tendenti al nero e variazioni centigrade rilevate dai tecnici incaricati, inferiori anche di 13/15 gradi.

A Question of Temperature

The aim of the "reflectance" test is that of measuring the difference in temperature between the hides treated with Cool products and those not treated and used instead on the 8C Competizione.

Employing a lamp from a film set, the technicians in the Poltrona Frau labs heat samples leather that, after a few minutes, were subjected to measurement of the relative temperatures, with values significantly lower for the Cool samples.

In particular, the "refreshing" effect of a Cool treatment is evident after exposure to sunlight with an incidence greater on the darker leathers tending to black with differences measured by the technicians of up to 13/15° centigrade lower.

Campioni Sample	Temperatura rilevata Temperature measured	
	Standard	*Cool*
Art Victoria col. 5313 (cuoio - leather)	68° C	45° C
Art Victoria col. 7707 (titanio - titanium)	72° C	---
Art Victoria col. 7798 (titanio - titanium)	---	47° C
Art Victoria col. 5674 (rosso - red)	60° C	46° C

DETTAGLI DI SPORTIVITÀ
SPORTING DETAILS

Diamo per scontata la presenza del climatizzatore bi-zona con sistema di tipo automatico con regolazione della temperatura e dei flussi di distribuzione dell'aria separata tra guidatore e passeggero, così come gli alzacristalli elettrici con comando di azionamento su mobiletto centrale della plancia. Assodato anche il cruise control per la regolazione automatica della velocità (che agisce sulla farfalla del motore ed è in grado di compensare automaticamente anche la variazione di andatura dovute a cambi di pendenza), il freno a mano con azionamento di tipo elettromeccanico (il cui azionamento avviene in automatico al disinserimento della chiave di accensione o manualmente mediante interruttore a levetta collocato sul mobiletto centrale), su 8C Competizione e Spider vi sono però tanti altri dettagli personalizzabili e ordinabili a scelta del cliente.

We take for granted the presence of the dual-zone climate control system with automatic temperature control and separate air distribution flows for the driver and passenger, as well as the electric windows actuated from the centre console. There was also cruise control for automatic speed adjustment (which acts on the engine throttle and is also able to compensate automatically for changes in pace due to changes in gradient) and the electromechanical handbrake (activated automatically when the ignition key is turned off or manually by means of a toggle switch again located on the central console). However, on the 8C Competizione and Spider there were many other customizable details at the customer's choice.
Nothing was out of place within an interior featuring outstanding craftsmanship, whether in carbonfibre

Tra gli elementi più rilevanti di un interno pensato e realizzato con maestria artigiana, nulla stona, siano essi in carbonio o in alluminio satinato con finitura "spazzolata", sono scelte che si evidenziano nella plancia, nei pannelli porta e nel mobiletto centrale. Il volante è in pelle pieno fiore microforata di colore nero con cuciture a vista, razze in alluminio e zone di impugnatura ergonomiche. I kit guida con parti in fibra di carbonio che impreziosiscono ancora più l'abitacolo prevedono l'applicazione della fibra di carbonio sull'arco superiore corona volante e sulle palette di comando del cambio.

Il rivestimento del padiglione è in tessuto a maglie – essenziale ma sportivo – che ben si abbina alla fibra di carbonio. L'alternativa è il rivestimento in pelle del padiglione e delle parti laterali del mobiletto centrale con una microforata di colore nero; la parte centrale dei rivestimenti è lavorata con finitura "a cannelloni", che richiama la lavorazione dei sedili aggiungendo un ulteriore tocco di raffinatezza all'abitacolo.

or satin "brushed" aluminium on the dashboard, door panels and central console. The steering wheel is covered in black micro-perforated full-grain leather with visible stitching, aluminium spokes and ergonomic grips. Optional kits with carbonfibre parts that further enhanced the cockpit included the application of carbon to the upper rim of the steering wheel and on the gearshift paddles. The headlining was in a mesh fabric – simple but sporty – that matched the carbonfibre well. The alternative is the upholstery of the headlining and the sides of the central console with a black microperforated leather. The central part of the upholstery featured a "cannelloni" finish referencing the workmanship of the seats and adding a further touch of sophistication to the cabin.

The central console was designed as a monolithic sculpture with the tunnel and the central grab handle in tough aluminium and carbonfibre.

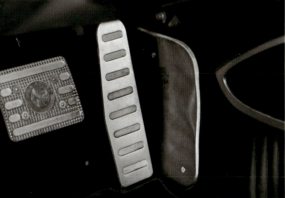

Dettagli di sportività: nei pannelli porta e nel mobiletto centrale, nell'elegante selleria in pelle in fiore. Completa quest'immagine la pedaliera: visivamente impattante su sfondo scuro.
Un interno pensato e realizzato con maestria artigiana, con elementi in carbonio, in alluminio satinato con finitura "spazzolata" evidenziati nella plancia.

Sporting details: in the door panels and the central console, in the elegant full grain leather upholstery. This image is completed by the pedals: of great visual impact against the dark background. An interior conceived and created with consummate craftsmanship, with elements in carbonfibre and brushed aluminium highlighted on the dashboard.

Il mobiletto centrale è studiato come una scultura unica con il tunnel e il maniglione centrale, temprato in alluminio e fibra di carbonio. Per conferire un tocco di raffinatezza e piacevolezza tattile all'abitacolo, è possibile rivestire in pelle liscia di colore nero sia le parti laterali del mobiletto stesso che la paratia retro schienale. Lo stesso per il maniglione.

Ma come in tante supercar a produzione limitata, inevitabile il ricorso ad alcuni elementi presi in prestito da altri modelli. Ad esempio: le manopole della climatizzazione sono quelle della Ferrari 612 Scaglietti e le bocchette dell'aria sono un po' troppo simili a quelle che equipaggiano le sorelle minori 159, Brera e Spider. L'autoradio Becker con comandi vocali è sostenuta da un impianto a otto altoparlanti ad alto rendimento e giova di connessione iPod (che consente l'ascolto di brani musicali in playlist precaricate) posizionata nel cassetto portaguanti, lato passeggero, e compatibile con tutti i sistemi di seconda, terza e quarta generazione con connettore "Dock". E ancora: navigatore satellitare

Adding a touch of refinement and tactile pleasure to the interior, both the side parts of the console itself and the bulkhead behind the seats could be upholstered in smooth black leather. The same with the grab handle.

However, as with many limited production supercars, the use of certain components borrowed from other models was inevitable. For example: the air conditioning knobs were those of the Ferrari 612 Scaglietti and the air vents were a little too similar to those that equipped the 8C's humbler 159, Brera and Spider brethren.

The Becker radio with voice commands was backed up by an eight-speaker high-performance system and benefited from iPod connectivity (which allowed music to be played from pre-loaded playlists) located in the glovebox on the passenger side and compatible with all second, third and fourth generation systems with a "Dock" connector. And there was more: pictogram and 3D satellite navigation

Alle spalle della selleria, lo spazio ricavato per ospitare un piccolo set da viaggio, con cinte di tenuta in tinta.

The space created behind the upholstery to house a small luggage set, with matching straps.

a pittogrammi e 3D con visualizzazione della rotta, informazioni orario d'arrivo, tempo e chilometri mancanti alla destinazione direttamente sul display della radio. La cartografia è precaricata su memory card da 2 GB e consente di visualizzare e selezionare itinerari per 37 Paesi europei (Italia, Francia, Germania, Spagna, Inghilterra, Scozia, Portogallo, Austria, Svizzera, San Marino, Monaco, Galles, Irlanda, Belgio, Lussemburgo, Danimarca, Norvegia, Finlandia, Svezia, Olanda, Liechtenstein, Città del Vaticano, Polonia, Repubblica Ceca, Andorra, Gibilterra, Slovacchia, Ungheria, Slovenia, Grecia, Albania, Estonia, Lituania, Lettonia, Croazia, Romania, Bulgaria) e degli Stati Uniti.

Circa l'audio, sia per la Competizione che per la Spider, il sistema è in grado di rendere il suono pulito e l'ascolto coinvolgente grazie all'innovativo uso delle fonti basse doppie per contribuire e riprodurre le note più basse. La prima fonte è infatti il subwoofer di 25 cm di diametro (10-in) in PowerNd collocato alle spalle del posto di guida mentre il secondo è un woofer di 13 cm

with route display, arrival time information, time and kilometres to destination directly on the radio display. The cartography was pre-loaded on a 2 GB memory card and allowed you to view and select itineraries for 37 European countries (Italy, France, Germany, Spain, England, Scotland, Portugal, Austria, Switzerland, San Marino, Monaco, Wales, Ireland, Belgium, Luxembourg, Denmark, Norway, Finland, Sweden, Holland, Liechtenstein, Vatican City, Poland, Czech Republic, Andorra, Gibraltar, Slovakia, Hungary, Slovenia, Greece, Albania, Estonia, Lithuania, Latvia, Croatia, Romania, Bulgaria) and the United States.

As for audio, the systems fitted to both the Competizione and the Spider were able to provide clean and engaging sound thanks to the innovative use of dual bass sources reproducing the lowest notes. The first was in fact the 25-cm-diameter (10-in) PowerNd subwoofer located behind the driver's seat while the second source was a 13-cm-diameter (5-25-in)

Il set di valigie firmato dall'atelier Schedoni ottimizza lo spazio per chi desideri viaggiare su 8C Competizione e Spider. Si tratta di un atelier noto ai più per lo storico rapporto di collaborazione con la Ferrari.

The luggage set by the Schedoni atelier optimises the space for those deciding to travel with the 8C Competizione and Spider. This is a marque well-known for its historic collaboration with Ferrari.

di diametro (5-25-in) e un Nd Richbass inserito in una capacità di 6,5 litri e alimentato da un amplificatore da 100 Watt. Vi sono poi due tweeter da 36 mm (1,5 pollici), uno su ciascun lato del pannello degli strumenti, due altoparlanti al neodimio da 165 mm (6,5 pollici) per le frequenze basse e medie e infine due altoparlanti al neodimio da 80 mm (3,25 pollici) per le frequenze medie. L'elettronica del sistema è garantita da un amplificatore Bose a otto canali, con equalizzazione personalizzata ed elaborazione digitale del segnale.

Il tappo carburante è in alluminio (un unico pezzo ricavato dal pieno) poggiato su un fondo di carbonio, materiale con cui è realizzato lo stesso sportello di protezione.

Dal look sempre accattivante (sebbene sia più datato) è la chiave di avviamento derivata da quella della seconda serie delle Alfa 156 e 147 che, effettivamente, avrebbe potuto giovare di maggior personalizzazione.

Tra gli altri optional di bordo, spicca il raffinato set di valigie firmato Schedoni, espressamente ritagliato su misura per il poco spazio di carico del bagagliaio. È un set opzionale che il piccolo atelier artigianale del cuoio modenese ha già fornito per la Ferrari e per altri importanti brand del lusso automobilistico: al costo di tremila euro, offre due valigie di grande capacità da riporre dietro ai sedili con ancoraggio mediante apposite

woofer and an Nd Richbass inserted into a 6.5-litre enclosure and driven by a 100-watt amplifier. Then there were two 36-mm (1.5-in) tweeters, one each side of the instrument panel, two 165-mm (6.5-in) neodymium drivers for low and medium frequencies, and finally two 80-mm (3.25-in) neodymium drivers for mid-range frequencies. The system electronics comprised an eight-channel Bose amplifier with customised equalisation and digital signal processing.

The fuel filler cap was machined from a single aluminium billet and set into a carbonfibre housing, the same material being used for the filler flap.

While ageing, the ignition key derived from that of the second series of the Alfa 156 and 147 was still attractive, but the car would have benefitted from a more distinctive key.

Among the other on-board optional extras, the sophisticated luggage set by Schedoni stood out, expressly tailored for the limited space available in the boot. The small Modenese craft leather atelier had already supplied similar sets for Ferrari and other important luxury car brands: at a cost of €3,000, it offered two large capacity suit bags to be stowed behind the seats, anchored via special leather straps and a multi-purpose case to be stowed

cinghie in pelle e una valigetta multiuso da collocare nell'apposito vano sotto lunotto. Il set viene realizzato in abbinamento all'ambiente interno scelto dal cliente, con tipologia e colore di pellami che riprende la sua scelta. E per separare gli ambienti, per rendere ancor più elegante e completo l'abitacolo, è possibile aggiungere una paratia retro schienale in fibra di carbonio a vista.

Ancora: batticalcagno in fibra di carbonio con riporto in acciaio spazzolato e personalizzazione "8C Competizione" e, particolarmente interessante, la targhetta in argento posizionata sul tunnel centrale che, come una carta di identità, può proporre la bandiera italiana (in alto) e, più in piccolo, in basso a sinistra accanto al logo dell'Alfa Romeo, la bandiera del Paese d'origine del proprietario dell'esemplare, insieme al numero progressivo.

A bordo, anche un estintore brandeggiabile sistemato in apposite staffe di contenimento in posizione facilmente accessibile e della capacità di 2 kg, un mantenitor di stato di carica della batteria (ideale per i periodi

in the special compartment beneath the rear window. The set was made to match the interior styling selected by the customer, with the type and colour of leather coordinating with their choice. To separate the environments, making the interior even more elegant and complete, a rear bulkhead in exposed carbonfibre could be added.

There was also a carbonfibre side panel with a brushed steel insert and "8C Competizione" graphics, while a particularly interesting the silver plaque loctaed on the central tunnel acted as a kind of identity card featuring the Italian flag (at the top) and, in the bottom left corner next to the Alfa Romeo logo, a smaller flag of the owner's country of origin, together with the progressive number.

The car's on-board accessories also included a swivelling fire extinguisher located in easily accessible storage brackets and with a capacity of 2 kg, a battery status maintainer (ideal for periods when the car is not in use), a first-aid kit housed in the passenger-side

Le prime prove in Poltrona Frau sono del mese di agosto 2005. Sono i singoli elementi a essere modellati al banco con maestria artigiana nella Business Unit di lavorazione di interni auto di prestigio.
Ad agosto 2006, Poltrona Frau e il design team di Alfa condividono modalità estetiche nuove e uniche accomunando l'identità dei due brand per trovare soluzioni tecniche stimolanti e innovative.

The first tests at Poltrona Frau were conducted in August 2005. The individual elements were modelled with immense skill by the craftsmen of the prestige car interior Business Unit. In August 2006, Poltrona Frau and the Alfa design team shared new and unique styling modes, bringing together the identities of the two brands to find stimulating and innovative technical features.

di inattività dell'auto), una cassetta di pronto soccorso collocata nel vano portaoggetti lato passeggero e il car care kit, una valigetta pensata e sviluppata con prodotti per la manutenzione degli interni in pelle dell'abitacolo. Le strutture dei sedili realizzati dalla Sparco sono in leggerissima fibra di carbonio. E se gli interni presentano seduta e pannelli porta in pelle con colori a richiesta, anche la plancia (orientata leggermente verso il pilota e rivestita in alluminio satinato) presenta il più classico stile Alfa, con un importante contagiri e un tachimetro affiancati dietro l'importante volante a tre razze.

La personalizzazione delle finiture firmata Poltrona Frau consente la scelta dell'ambiente tra quattro diversi temi: Rosso, Titanio, Cuoio e Nero. L'opzione Rosso è quella di una tonalità sviluppata in abbinamento alla scocca di colore Rosso Competizione mentre il Titanio (realizzato con un pigmento metallizzato) enfatizza l'innovazione, la tecnicità degli interni. Il più classico colore Cuoio trasmette tutta la tradizione del Marchio, mentre il più sobrio Nero trasmette tutta la purezza di un ambiente ancora più sportivo.

Alcuni dei prototipi presentati da Poltrona Frau, diversi dai precedenti per la forma del "guscio". L'uso dell'intreccio in pelle è la soluzione finale che appaga la vista e la ricercatezza necessaria per equipaggiare un prodotto importante come 8C Competizione.

Some of the prototypes presented by Poltrona Frau, which differed with respect to their predecessors for the form of the "shell". The use of woven leather was the final touch that satisfied the eye and the requisite sophistication for a product as important as the 8C Competizione.

glove compartment and the car care kit, a case containing products for the maintenance of the leather interior of the car.

The Sparco seat frames were made of lightweight carbonfibre. While the interior boasted leather seats and door panels in colours to order, the dashboard (oriented slightly towards the driver and clad in satin aluminium) also featured the more classic Alfa style, with a large rev counter and speedometer placed side by side behind the imposing three-spoke steering wheel.

The customisable Poltrona Frau trim allowed the driver to choose from four different themes: Rosso, Titanio, Cuoio and Black. The Rosso option was a shade of red developed to match the Rosso Competizione paint finish while the Titanio (made with a metallic pigment) emphasised the innovation and technicality of the interior. The classic natural leather Cuoio colour conveyed all the tradition of the brand while the more sober Nero black transmitted the purity of an uncompromisingly sporting interior.

Rivestimenti e ambiente interno sono realizzati con i migliori materiali, lavorati con sapiente cura. Coperture pregiate cucite artigianalmente e in colori esclusivi per rendere l'abitacolo inconfondibilmente scelto dal cliente, selezionando rivestimenti in pelle pieno fiore microforata, pelle pieno fiore intrecciata o pelle naturale scamosciata (per tutte colore filo, cuciture tono su tono o filo cuciture personalizzato).

Il rivestimento in pelle pieno fiore microforato dona un aspetto sportivo in linea con la tradizione mentre a quello intrecciato – prezioso e anch'esso sportivo – si lega un tessuto in fibra naturale, creando un effetto di profondità e grande impatto visivo. La scelta della pelle naturale scamosciata, invece, oltre all'elevata gradevolezza al tatto, è usata anche nelle corse per offrire un miglior trattenimento nella guida sportiva, pertanto particolarmente indicata su una vettura come la 8C. Ma come si è arrivati alla scelta di abbinamenti colore e materiali?

The upholstery and interior trim were made of the finest materials, crafted with expert care. Fine hand-stitched covers in exclusive colours ensured that the interior unmistakably reflected the client's personal taste, with upholstery in micro-perforated full-grain leather, woven full-grain leather or natural suede (with tone-on-tone or customised stitching thread colours for all).

The micro-perforated full-grain leather upholstery lent a traditionally sporting look, while the woven leather – refined but also sporty – was paired with a natural fibre fabric, creating an effect of depth and great visual impact. Natural suede, on the other hand, in addition to its great tactile quality, is also used in competition to offer better grip under racing conditions and was therefore particularly well suited to a car like the 8C. But how did the colour and material combinations come about?

Alcune fasi della lavorazione artigianale, peculiarità del prodotto Poltrona Frau che, con 8C, sviluppò da subito alcuni colori: rosso, cuoio (poi chiamato "Terra di Siena"), titanio e nero. Erano i colori della tradizione Alfa Romeo.

Several of the phases in the craft process, a feature of the Poltrona Frau products; for the 8C the company immediately developed a series of colours, red, tan (later named Terra di Siena), titanium and black. These were the colours of the Alfa Romeo tradition.

L'esclusività firmata Poltrona Frau

Diversi gli studi e le prove che hanno portato alle soluzioni adottate per la selleria della 8C, sia per la versione Competizione sia per la Spider, quest'ultima diversa dalla prima per la specificità dei materiali da adottare su una vettura cabriolet che, inevitabilmente, sarebbe stata più soggetta all'esposizione al sole. Un argomento, questo, da approfondire e per il quale le risposte migliori possono darle proprio coloro i quali vi hanno lavorato.

Luca Bellomarì, Responsabile Design IIM Business Unit di Poltrona Frau

Alfa 8C: come ha inizio quest'avventura?
Nel 2005 Alfa Romeo pensò di coinvolgere Poltrona Frau per la progettazione e lo sviluppo degli interni di una Gran Turismo supersportiva prodotta in Limited Edition. Poltrona Frau aveva già dal 1986 una Business Unit di lavorazione di interni auto di prestigio.

The Exclusiveness of Poltrona Frau

Various studies and tests led to the combinations adopted for the 8C Competizione and Spider upholstery, with the latter differing in terms of the specific qualities of the materials to be adopted on an open-top car which would inevitably be exposed to the sun. This is an area worth exploring and who better to provide the answers than those who actually worked on the project.

Luca Bellomarì, Head of the Poltrona Frau Design IIM Business Unit

Alfa 8C: how did this adventure get underway?
In 2005, Alfa Romeo decided to involve Poltrona Frau in the design and development of the interior of a GT supercar to be produced in a limited edition. Poltrona Frau had had a Business Unit devoted to the interiors of prestige cars since 1986. This was during the final days of the historic Arese factory and the progress

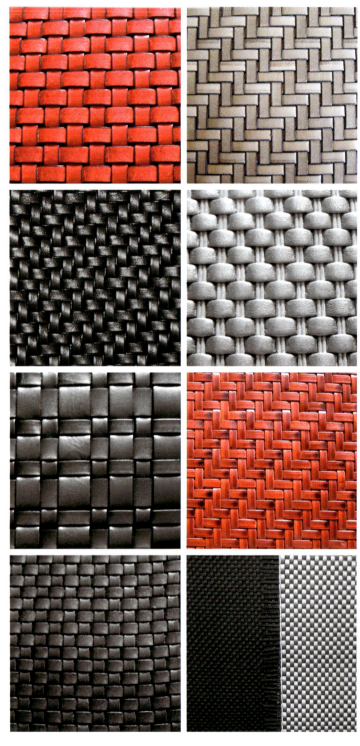

La trama della selleria è realizzata creando dei filetti tubolari, poi pressati, che con l'ausilio di un telaio formano un rotolo di materiale intrecciato. Supportata poi da una tela, diventa pronta per il taglio e la preparazione delle figure da cucire per assemblare le fodere.

The upholstery weave was created using pressed tubular elements, which with the use of a loom formed a roll of woven material. With a canvas backing, it was ready for cutting and the preparation of the elements to be stitched together to assemble the covers.

Sono gli ultimi periodi dello storico stabilimento di Arese e le riunioni di avanzamento si alternano tra Torino, Arese e Modena, dove il Gruppo Fiat ha programmato l'assemblaggio della vettura nel plant produttivo diella Maserati. Partenza alle tre del mattino per un primo meeting ad Arese, e nel pomeriggio meeting a Torino con i laboratori o con ingegneria, poi alle diciotto di nuovo in strada verso casa.

Con il design team dell'Alfa cercavamo di condividere modalità estetiche nuove e uniche accomunando l'identità di due brand storici italiani: un approccio più concettuale che tecnico per trovare soluzioni più stimolanti e innovative.

Lo studio dei materiali corre in parallelo con quello sui componenti degli interni: plancia, sedili, pannelli porta, maniglioni, tunnel ecc. e spesso quando si affronta un progetto così non si conosce il risultato finale. I tempi dell'industria sono nemici dell'idea di perfezione, ma in un processo ideale, come designer, dobbiamo sempre pensare che tutto sia possibile senza porci dei limiti.

meetings alternated between Turin, Arese and Modena, where the Fiat Group had programmed assembly of the car in the Maserati plant. Departure at three in the morning for an initial meeting at Arese and in the afternoon a meeting in Turin with the laboratories or the engineering department before heading for home at 6:00 PM.

We tried to share new and unique aesthetic modes with the Alfa design team, bringing together the two historic Italian brands: an approach more conceptual than technical to find more stimulating and innovative solutions. The study of the materials progressed in parallel with that of the interior components: dashboard, seats, door panels, grab handles, tunnel and so on, and frequently when you tackle a project like this you don't know what the end result will be. The deadlines imposed by industry are the enemy of the idea of perfection, but in an ideal process, as designers, we always have to think that anything is possible, without setting ourselves limits.

Accessori principali - Principal accessories	Costo - Cost (Euro)
Prezzo listino della vettura - List price of the car	162.701
Air bag anteriori, laterali e a tendina - Front, side and curtain air bags	*di serie - standard*
Cerchi in lega Racing - Racing alloy wheels	6.500
Connettore iPod - iPod connector	250
Controllo elettronico di stabilità - Electronic stability control	*di serie - standard*
Impianti Hi-Fi Bose - Bose Hi-Fi system	3.000
Interni in pelle pieno fiore intrecciata - Woven full-grain leather upholstery	2.000
Cuciture personalizzate su interni in pelle pieno fiore - Custom stitching on the full-grain leather interior upholstery	250
Interni in pelle scamosciata - Interior trim in suede leather	2.000
Kit carbonio - Carbonfibre kit	2.500
Navigatore satellitare - Satellite navigation	1.300
Pinze freno verniciate - Painted brake calipers	900
Pneumatici P-Zero Corsa - P-Zero Corsa tyres	3.500
Retrovisori regolabili elettronicamente - Electronically adjustable rear-view mirrors	*di serie - standard*
Set valigie Schedoni - Schedoni luggage set	3.000
Targhetta d'argento personalizzata - Personalised silver plaque	400
Telo coprivettura - Car cover	400
Vernice micalizzata - Mica paint	3.500
Vernice extraserie su campione - Paint by sample	12.500
Volante regolabile in altezza e profondità - Height and depth adjustable steering wheel	*di serie - standard*

Qual è stato il punto di partenza?

Come Poltrona Frau il punto di partenza è sempre la pelle, allora ancor più di oggi.

La pelle è un prodotto naturale, declinabile in infiniti modi: più morbida, più ferma, di qualsiasi colore e con differenti capacità prestazionali. Tutto partendo dalla stessa materia prima.

Con la 8C sviluppammo da subito alcuni colori: il rosso, il cuoio (che poi il marketing chiamò Terra di Siena), il titanio e il nero: erano i colori della tradizione Alfa Romeo. Ma dalle prime prove di sellatura ci accorgemmo che la vettura meritava più attenzione alla qualità e la ricchezza degli interni. L'uso della losanga stretta, tipica della tappezzeria Alfa Romeo, non appagava ancora l'occhio di nessuno. Tentammo allora alcune soluzioni di cuciture a contrasto, ma nessuno era ancora convinto. Il tentativo vincente fu provare l'uso di un intreccio di pelle!

What was the point of departure?

As Poltrona Frau, the point of departure is always the leather, back then just as it is today.

Leather is a natural product, usable in myriad ways: softer, stronger, of any colour and with diverse performance characteristics. Everything starts out from the same raw material.

With the 8C, we immediately developed several colours: red, natural leather (which the marketing team was to call Terra di Siena), titanium and black: the colours of the Alfa Romeo tradition. However, from the early upholstery tests we realised that the car deserved more attention to the quality and richness of the interior trim. The use of the narrow lozenge, typical of Alfa Romeo upholstery, no longer satisfied anyone's taste. We therefore tried a few contrasting stitchings, but no one was convinced. What was successful was whe we tried a leather weave!

In diverse trame e colorazioni, la pelle campione rappresenta la tradizione Alfa Romeo. L'esperienza dei tecnici di Poltrona Frau diventa determinante per certificare il materiale e rispettare le specifiche tecniche dei laboratori torinesi.

Presented in various patterns and colours, the sample leather represented the best Alfa Romeo traditions. The experience of the Poltrona Frau technicians was determinant in certifying the material and respecting the technical brief provided by Turin.

E a quel punto, come evolve il progetto?

I mesi successivi li passammo a sviluppare il materiale. L'intreccio è un classico delle lavorazioni artigianali fatte con la pelle, ma volevamo una soluzione più spinta, così dopo diversi tentativi, per enfatizzare l'effetto, decidemmo di usare una trama Damier pelle tessuto, più in linea con l'idea di performance, più corretta come interpretazione progettuale.

La trama veniva realizzata creando dei filetti tubolari, poi pressati, che con l'ausilio di un telaio formavano un rotolo di materiale intrecciato. Supportata poi da una tela, era pronta per essere tagliata e preparare le figure da cucire per assemblare le fodere.

L'esperienza dei nostri tecnici fu determinante per rendere certificabile il materiale e superare le specifiche tecniche automotive dei laboratori Fiat. In particolare dovemmo concentrarci sul tema dello scorrimento, ovvero determinare il carico medio di distacco fra l'intreccio e la tela di supporto per poterlo utilizzare in vettura. In otto mesi mettemmo a punto tutti gli interni, fu un lavoro incredibile che diede a Poltrona Frau l'opportunità di crescere sotto il profilo dell'innovazione e dei processi. Negli anni successivi, dalla versione Coupé derivò anche una versione Spider, che – come sapete – fu prodotta in sole 329 unità.

Si tratta, quindi, di adattare il lavoro effettuato sulla 8C Competizione alla versione Spider, o la secondogenita usufruirà di ulteriori, diverse modifiche?

Per la 8C Spider, con i nostri tecnici, decidemmo di aggiungere un contenuto tecnico di livello alla pelle. In una vettura aperta, l'incidenza dei raggi solari diretti sulla pelle è fattore limitante al comfort percepito. La pelle si scalda troppo e sedersi non è così gradevole. Così, con l'aiuto dei nostri laboratori, decidemmo di affrontare il tema della *Cool Leather* e lavorare sulla "riflettanza", ovvero sull'opportunità di creare una ricetta per un sistema di rifinitura del materiale capace di ridurre l'impatto dei raggi ultravioletti sulla superficie, abbassando la temperatura e aumentando di molto il benessere in vettura.

Cosa pensi di quel progetto dopo quasi venti anni?

Vedo nell'esercizio delle 8C Competizione e Spider un pensiero evoluto e una attenzione al dettaglio che

And at that point, how does the project evolve?

We spent the next few months developing the material. The weave is a classic of leather craftsmanship, but we wanted something more advanced, so after several attempts, we decided to go with a woven Damier leather weft to emphasise the effect, so that it was closer to the idea of performance, more appropriate in design terms. The weft was made by creating tubular threads, which were then pressed together and formed a roll of woven material with the aid of a loom. With a fabric backing, it was ready to be cut into the shapes to be sewn to assemble the covers.

Our technicians' experience was instrumental in ensuring the material was certifiable and exceeded the Fiat factory's automotive specifications. In particular, we had to focus on the issue of creep, that is to say, determining the average detachment load between the weave and the backing fabric in order to be able to use it in the car.

In eight months, we fine-tuned all the interiors, it was an incredible job that gave Poltrona Frau the opportunity to grow in terms of innovation and processes. Over the following years, the coupé gave rise to a Spider version, which – as you know – was produced in just 329 examples.

Was it therefore a question of adapting the work done on the 8C Competizione to the Spider version, or did the second car require further specific modifications?

For the 8C Spider, together with our technicians, we decided to add a technical quality in terms of the leathers used. In an open-top car, the impact of the sun's rays directly on the leather is a factor that limits perceived comfort. The leather heats up too much and it's not so nice to sit on. With the help of our laboratories, we decided to tackle the *Cool Leather* issue and work on "reflectance", that is to say, on the opportunity to create a formula for a finishing system for the material capable of reducing the impact of ultraviolet rays on the surface, reducing the temperature and thereby considerably enhancing in-car comfort.

What's your take on the project almost 20 years later?

I see in the execution of the 8C Competizione and Spider a highly developed philosophy and an attention

superara i normali canoni della progettazione di interni auto. Oggi lo usiamo nel concetto di *Tailoring*, una logica sartoriale che va verso l'unicità dell'oggetto. Il fatto su misura, per giunta fatto con le mani, che stravolge il concetto di automotive tanto caro ad Henry Ford, ma che rende l'oggetto esclusivo, personale ed emotivo, dove la fusione tra tecnica ed estetica si trasforma in passione. E per questo, un prodotto più riconoscibile e con più identità.

Alfa Romeo e Poltrona Frau, due brand comuni, cosa ne pensi?
Credo che questo progetto sia andato ben oltre il tema del co-branding. L'obiettivo era per tutti fortemente focalizzato sul prodotto finale, ed ogni concetto, ricerca, scelta si rifletteva sul prodotto.
Dalle linee fluide della livrea, al motore, dal sistema frenante agli stilemi degli interni.

to detail that went beyond the normal canons of car interior design. Today we talk about the concept of Tailoring, a bespoke approach moving in the direction of the uniqueness of the object. That made to measure, made by hand moreover, which shatters the concept of the automotive industry so dear to Henry Ford, but which renders the object exclusive, personal and emotive, with the fusion of technology and style transforming into passion. Resulting in a more recognisable product with more identity.

Alfa Romeo and Poltrona Frau, two related brands, what do you think?
I believe that this project went well beyond the question of co-branding. For all of us, the objective was closely focused on the end product, and every concept, strand of research and choice was reflected in the product.

La collaborazione tra Poltrona Frau e Alfa Romeo va oltre il concetto di co-branding, in un equilibrio perfetto tra innovazione e tradizione.

The collaboration between Poltrona Frau and Alfa Romeo went beyond the concept of co-branding in a perfect synthesis of innovation and tradition.

Sono continui i richiami ai valori storici del brand: la scelta dei colori, la finitura sul centrale dei sedili, il maniglione del pannello porta, l'evidente ricamo del mitico "biscione". Tutto era parte di un sistema compositivo unico e potente.

Un equilibrio perfetto tra tradizione e innovazione nel rispetto del DNA di due marchi leggendari della nostra "bella Italia".

Cosa è, oggi, Poltrona Frau?
È una azienda simbolo del Made in Italy che ha esportato nel mondo la sapienza e l'esperienza artigiana coniugate con la modernità. Paradigma di un lusso discreto, che in 110 anni di storia ha costruito un lifestyle e un'identità riconoscibili nei prodotti di arredo, negli interni auto, negli aerei, nelle barche e nei teatri di tutto il mondo.

From the fluid lines of the paintwork to the engine, from the braking system to the interior styling motifs.
There are continuous references to the historic values of the brand: the choice of colours, the finish on the centre sections of the seat, the door panel grab handle, the embroidery of the legendary "Biscione". Everything was part of uniuqe and powerful compositional system.
A perfect combination of tradition and innovation respecting the DNA of two legendary Italian marques.

What is Poltrona Frau today?
It's a symbol of the Made in Italy phenomenon, a firm that has exported throughout the world craft skills and experience combined with modernity. The essence of discrete luxury, which in its 110-year history, has constructed a recognisable lifestyle and identity in its furnishing products, in car, aeroplane and boat interiors, and in theatres in every corner of the globe.

Giovanni Maiolo, Direttore della Interiors In Motion Business Unit

Il progetto 8C. Cosa ha rappresentato?
Sono entrato nella famiglia di Poltrona Frau nel 2019. Nato e cresciuto a Torino, città simbolo dell'automobile, la città industriale pioneristica e tumultuosa, piena di aziende che dal secondo dopoguerra hanno sfornato i modelli più iconici fra le automobili da collezione. Considero il progetto dell'Alfa 8C come un momento di riflessione, pausa necessaria a capire che era arrivata l'ora di fare un passo indietro, come se si volesse abbandonare l'idea del pensiero industriale e ripensare l'auto come un oggetto d'arte. Voglio dire che quel progetto andava ben oltre l'idea della tiratura limitata. Non solo una forma plasmata e la ricerca della tecnologia più sofisticata. Ma, in particolare, l'ispirazione all'idea di "competizione", il gusto della sfida, dell'agonismo e il legame con una storia gloriosa.

Quasi un punto di partenza, quindi…
Quell'esperienza ha rappresentato una lezione fondamentale per Poltrona Frau e la nostra Business Unit. La 8C è stato uno spartiacque nell'evoluzione del mercato degli interni delle auto di lusso. Ci ha permesso di iniziare a pensare di costruire l'interno della vettura con la libertà degli occhi del cliente, facendo attenzione alla selezione dei materiali, alle finiture, ai dettagli, agli equilibri degli abbinamenti, come per creare una sorta di esperienza propria, e tutto grazie al valore di collaboratori e maestranze che uniscono sapienza artigiana, competenze ed Heritage in un connubio assolutamente unico ed esclusivo. Da qui in poi tutte le esperienze successive hanno consolidato il metodo: lavorare sugli interni a fianco di design e di ingegneria, interpretando e partecipando attivamente alla costruzione delle soluzioni estetiche, tecniche e dell'identità della vettura. Essere, in sostanza, un vero partner integrato, capace di sviluppare le soluzioni più adatte che il mercato richiede. Una implementazione della proposta e del servizio al cliente che è passata attraverso la revisione completa dei dipartimenti interni, l'inserimento di professionisti con competenze specifiche provenienti da aziende leader nel settore e investimenti in innovazione tecnologica, al fine di perseguire obiettivi di qualità e competitività.

Giovanni Maiolo, Director of the Interiors In Motion Business Unit

What did the 8C project represent?
I joined the Poltrona Frau family in 2019. I was born and raised in Turin, a car town par excellence, a pioneering and tumultuous industrial city, full of companies that have produced the most iconic collectors' cars since the Second World War.
I see the Alfa 8C project as a moment of reflection, a necessary pause to understand that the time has come to take a step back, to abandon the idea of industrial thinking and rethink the car as an art object. I mean that project went far beyond the idea of a limited edition. It wasn't just a sculpted form and a search for the most sophisticated technology. It was instead inspired by the idea of "competition", a challenge, racing and a link with a glorious history.

Almost a point of departure, then...
That experience represented a fundamental lesson for Poltrona Frau and our Business Unit. The 8C was a watershed in the evolution of the luxury car interiors market. It allowed us to start thinking about creating a car interior with the freedom of the customer's eyes, paying attention to the selection and combination of materials, the finishes, the detailing, as if to create a sort of experience of our own. All this was possible thanks to our collaborators and workers who brought to the table craftsmanship, skills and heritage in an absolutely unique and exclusive combination. From here on, all subsequent experiences have consolidated this method: working on the interior alongside design and engineering, interpreting and actively participating in the construction of aesthetic and technical features and the identity of the car. Essentially, we are a true integrated partner, capable of developing the most suitable solutions that the market requires. An implementation of the customer service concept that has involved a complete overhaul of internal departments, the inclusion of professionals with specific skills from leading companies in the sector and investment in technological innovation to allow us to pursue objectives in terms of quality and competitiveness.

AL VOLANTE
AT THE WHEEL

I comportamento della 8C Competizione, come le sue prestazioni e il sound del suo propulsore e dello scarico, non hanno nulla da invidiare a quello disponibile su altre blasonate supercar. E se la prima sensazione di apparentamento con le vetture modenesi può trarre in inganno, la posizione molto arretrata rispetto alle ruote favorisce le qualità di guida. È un motore molto corposo il V8 derivato dall'F136 Ferrari. Sebbene depotenziato, il suo sound sordo e cattivo è sempre pieno ed entusiasmante, sin dall'avviamento. Anche a bassa velocità – quando magari si prova a "riprendere" l'auto lanciandola in un allungo – si percepisce la forza degli 8 cilindri sin dal primo affondo sul gas.
L'accelerazione da 0-100 km/h risulta in linea con quelle espresse dalle rivali e quando si sposta la frazione sullo 0-200, il dato registrato di 15,1 secondi

The driving experience provided by the 8C Competizione, with its performance and the sound of its engine and exhaust, gave nothing away to that of other exclusive supercars. While the initial sensation of similarity to the cars from Modena could be misleading, the rear-set position with respect to the front wheels favoured that driving experience. Although detuned, the V8 derived from the Ferrari F136 was a full-bodied engine. Its deep, aggressive sound was always full and exciting, right from when you turned it on. Even at low speeds – perhaps when picking up out of a corner and onto a straight – you could feel all the power of the eight-cylinder as soon as you floored the throttle.
Acceleration from 0-100 kph was in line with that of its rivals and when you look at the 0-200 time, the recorded figure of 15.1 seconds was even more impressive.

La prima sensazione di apparentamento con le vetture modenesi può trarre in inganno, ma la posizione più arretrata rispetto alle ruote favorisce le qualità di guida, anche grazie a un motore molto corposo come il V8 di derivazione Ferrari.

The initial sensation of kinship with the cars from Modena may mislead, but the set-back cockpit with respect to the front wheels favours driving quality, thanks in part to a very muscular engine such as the Ferrari-derived V8.

testimonia una prontezza ancora più interessante. Superato il regime di coppia massima, tra i 4500 e i 5000 giri, è lì che si registra la vera forza del motore, con la lancetta dei giri che sale rapidamente sino ai limitanti 7500 giri.

Ma al di là dei numeri rilevati, a sorprendere è come un'auto dalle linee così pulite ed essenziali possa essere allo stesso tempo efficace nell'aerodinamica essendo praticamente priva di appendici (escludendo l'accenno di coda, il piccolo diffusore posteriore e la sottile appendice in carbonio all'anteriore, ovviamente). Il grosso del lavoro, infatti, è stato eseguito sul fondo, sviluppando così una sorta di effetto suolo capace di tenere l'auto ben salda a terra: la deportanza, appunto. Abbinato al preciso cambio Q-Tronic (non di ultimissima generazione ma comunque affidabile e sufficiente), il telaio trasmette una sensazione di rendimento che consentirebbe persino di accogliere un maggior numero di cavalli.

Once the maximum torque had been exceeded, between 4500 and 5000 rpm, it was there that the engine's was to be found, with the rev needle rising rapidly to a restricted 7500 rpm.

However, above and beyond the numbers recorded, what was surprising was how a car with such clean and essential lines could also be so aerodynamically effective, being practically without appendages (except for a hint of a tail, the small rear diffuser, and the slim carbon appendage at the front, obviously). The bulk of the work, in fact, was done to the floor of the car, developing a sort of ground effect capable of keeping it car firmly planted: in a word, downforce. Combined with the precise Q-Tronic gearbox (not the latest generation, but reliable and perfectly adequate), the chassis conveyed a sensation that it could actually handle even more power.

In keeping with the best Alfa traditions, the steering was precise and ensured sweet handling, thanks also

Come da tradizione dell'Alfa, lo sterzo è preciso e rende l'auto maneggevole anche grazie al costante dialogo tra avantreno e retrotreno che, privo di interferenze, consente sempre di impostare traiettorie ottimali. Questo accade soprattutto in pista, ovviamente. In strada, invece, è importante imparare a dosare il piede sull'acceleratore per godere di una guidabilità inaspettatamente simile a quella di una vettura destinata all'uso quotidiano che gode di un'ottima ripartizione dei pesi (49% all'anteriore e 51% al posteriore). Positivo, quindi, il ritorno alla trazione posteriore, in un progetto particolarmente interessante (non solo per gli Alfisti) in cui va però sottolineato come anche su quest'auto esistano fenomeni da governare. Parliamo del sottosterzo e del sovrasterzo per cui, esagerando con il gas, occorre necessariamente fare i conti, dovendo dar prova delle proprie capacità di guida.

to the constant dialogue between the front and rear, which, free of interference, always allowed optimal trajectories to be dialled in. This was the case on the track, of course. On the road, on the other hand, it is important to know how to dose the throttle to enjoy a driveability that was unexpectedly similar to that of a car intended for everyday use that enjoys excellent weight distribution (49% at the front and 51% at the rear).

The return to rear-wheel drive was a positive move in what was a particularly interesting project (not only for Alfisti), although it must be stressed that even in this case there were dynamic phenomena that had to be controlled. Should you exaggerate with the throttle, then even with this car you necessarily had to reckon with understeer and oversteer and prove your driving ability. Precisely in this sense, among the few

In pista come tra i tornanti, lo sterzo è preciso e rende l'auto maneggevole anche grazie al costante dialogo tra avantreno e retrotreno che, privo di interferenze, consente sempre di impostare traiettorie ottimali.

On track and through mountain hairpins, the steering is precise and renders the car manoeuvrable thanks to the constant dialogue between front and rear axle that always permits optimal lines to be traced.

E proprio in tal senso, tra le poche cose da rimprove-rare a quest'auto vi è forse un po' di "morbidezza del posteriore", palesato nell'utilizzo più estremo e in con-dizioni di scarsa aderenza e prevedibilità (poi miglio-rata con la versione Spider).

L'assetto della versione cabriolet, invece, rappresenta un buon compromesso tra sportività e fruibilità, con una taratura non troppo estrema delle sospensioni che non penalizza comfort nell'uso quotidiano. Diverso, ovvia-mente, per l'utilizzo in pista con qualche beccheggio e rollio più marcato. Ma in fondo, essendo alla guida di una vettura di categoria Gran Turismo (e non di una su-persportiva estrema), più che il cronometro a fine giro, sono le sensazioni a impressionare ed emozionare. E ad aiutare tali percezioni contribuiscono una seduta parti-colarmente bassa, un ottimo contenimento laterale e un volante ben verticale rispetto alla posizione di guida.

things the 8C could be criticized for was perhaps a little "rear-end softness", evident in the most extreme use and in conditions of poor grip and predictability (later improved with the Spider version).

The set-up of the cabriolet version, on the other hand, represents a good compromise between sportiness and usability, with the suspension settings not so ex-treme as to penalize comfort in everyday use. Things were different on track of course, with more marked pitching and rolling. At the end of the day, howev-er, given that the 8C was a Grand Touring car (rather than an extreme supercar), it was the sensations that impressed and excited rather than the ultimate lap time. Helping these perceptions were a particularly low seat height, excellent lateral restraints and a steering wheel set vertically in relation to the driving position.

È una vettura per cui si è pensato anche ad un impiego in gara, nel Campionato GT3, così come a una versione GTA, che avrebbe dovuto essere più lunga, leggera e ovviamente ancora più estrema. Di fatto non se ne fece nulla. Forse perché si temette che le prestazioni dell'auto avrebbero potuto impensierire le supersportive del Gruppo, o magari per paura che non sarebbero state vendute.

Volendole proprio dare dei voti in pagella, potremmo sottolineare alcuni aspetti più che positivi e davvero pochi negativi. Il posto di guida ha una seduta bassa e dall'ottimo contenimento laterale, anche grazie al guscio della selleria molto avvolgente e il volante è verticale e regolabile in altezza (sebbene per questa possibilità occorra recarsi in officina).

The car was also developed with racing in the GT3 championship in mind, as well as a GTA version, which would have been longer, lighter, and obviously even more extreme. In fact, nothing ever came of this project. Perhaps because it was feared that the car's performance would threaten the group's supercars, or perhaps out of concerns that it would not sell. If we really wanted to give it a report card grade, we might point out several particularly positive aspects and very few negative ones. The driver's seat was low and boasted excellent lateral containment, thanks in part to the very enveloping upholstered shell, while the steering wheel was upright and height adjustable (although this required a workshop visit).

La guida in modalità più sportiva rende ancor più pronta la risposta del motore alle sollecitazioni dell'acceleratore, ritardando l'intervento del controllo di stabilità e velocizzando il passaggio di marcia.

Selecting Sport mode makes the response of the engine to the accelerator even more prompt, delaying the intervention of the stability control and speeding up the gear changes.

Come abbiamo accennato, sono eccellenti le prestazioni, con un'accelerazione e una ripresa davvero entusiasmanti, sia nello scatto breve che in allungo, dove migliora ancora. E in tal senso, per ottimizzarle e godere a pieno delle potenzialità del propulsore nato nel polo modenese, questa sportiva andrebbe guidata sempre nella sua modalità più sportiva (azionabile dall'apposito tasto sul tunnel). Quest'ultimo rende ancor più pronta la risposta del motore alle sollecitazioni dell'acceleratore, ritardando l'intervento del controllo di stabilità e velocizzando il passaggio di marcia (dati non ufficiali indicano un tempo di cambiata a 175 millesimi di secondo). Attenzione però: la funzione regala prontezza, non maggiore cattiveria al motore, che resta sempre progressivo nell'erogazione.

Buone le finiture, la strumentazione, le dotazioni di sicurezza (sei air bag e controllo di stabilità *in primis*), l'abitabilità e l'impianto frenante della Brembo, sebbene quest'ultima non avesse introdotto particolari elementi di innovazione ma si fosse limitata a riproporre

As mentioned previously, performance was excellent, with truly thrilling acceleration and pick-up, both over short sprints and longer stretches, where it was even better. In this sense, to optimize these aspects and enjoy the full potential of the Modenese-born power unit, this sports car should always be driven in its sport mode (activated via the special button on the tunnel). This altered the engine's response to accelerator input masking it even more immediate, delayed the intervention of the stability control and speeded up gear changes (unofficial figures indicate a shift time of 175 thousandths of a second). It should be note though that the function gave increased promptness, not greater harshness to the engine, which always remained progressive in delivery. The finish, instrumentation, safety equipment (six air bags and stability control above all), roominess and the Brembo braking system were all good, even though Brembo did not introduce any particular innovations for the 8C Competizione but restricted

Abbandonate le risposte più corsaiole e ludiche, è possibile – e gradevole – utilizzare l'auto anche per brevi viaggi.

With the most racer-like responses abandoned it was possible, and even enjoyable, to use the car for brief trips.

componenti già presenti sul mercato per la 8C Competizione e si fosse limitata ad aumentare la misura delle pinze per la versione Spider.

Per ciò che concerne gli aspetti negativi, al di là della morbidezza del retrotreno, per trovare piccole e veniali pecche, potremmo soffermarci a parlare della visibilità penalizzata dalla forma del posteriore, soprattutto nelle manovre in retromarcia. Le difficoltà maggiori, infatti, sono proprio nella tre quarti al retrotreno, in particolar modo nelle manovre di immissione su un'altra strada. È questo un aspetto ancor più rilevabile nella versione Spider, dove la posizione di guida molto bassa, il lunghissimo cofano motore e le ampie zone d'ombra generate dai montanti posteriori della capote compromettono notevolmente la visibilità.

Un altro "neo" è ereditato dalle vetture della Casa del Tridente, con le levette che azionano in cambio fisse sul piantone dello sterzo. Le palette, infatti, non seguono il volante che gira e costringono talvolta a muovere

itself to repurposing components already on the market and merely increased the size of the calipers for the Spider version.

As far as the negative aspects were concerned, apart from that softness at the rear end, if we really wanted to be picky, we might dwell on the visibility penalised by the shape of the rear, especially when reversing. The greatest difficulties, in fact, relate to the rear three-quarters view, especially when turning onto another road. This was even more noticeable in the Spider version, where the very low driving position, the very long bonnet and the large blind spots caused by the rear pillars of the soft top significantly compromise visibility.

Another "flaw" was inherited from the Maserati models that used the gearshift paddles attached to the steering column. The paddles, in fact, do not follow the steering wheel as it turns which sometimes forces you to move your hands over the rim to change gear when the wheels are not straight. This is a shame,

La 8C Spider eredita dalla versione coupé uno sterzo verticale e preciso ma, nel contempo, la morbidezza del posteriore. Giova però di un impianto frenante migliorato e soprattutto maggiorato.

The 8C Spider was to inherit from the coupé version a vertical steering wheel with precise responses but also the softness of the rear end. It also benefitted from an improved and above all uprated braking system.

le mani sulla corona per cambiare marcia quando le ruote non sono dritte: un peccato, visto il lavoro effettuato sullo sterzo che, come già sottolineato, è particolarmente diretto ed efficace, come in ogni vera Alfa Romeo.

Abbandonate le risposte più corsaiole e ludiche, se invece l'idea è quella di utilizzare l'auto per un viaggio (sicuramente costoso, anche per i consumi espressi) occorre necessariamente fare i conti con la scarsa capacità del bagagliaio (solo 137 litri) che, nella realtà si rivela anche davvero poco modulabile, soprattutto per forma ed ingresso. Ma a questo particolare si può in parte ovviare con il set di valigie da viaggio firmato Schedoni ospitabile dietro la selleria (una garanzia, vista la cura realizzativa scelta anche dalla Ferrari): un accessorio a parte che – sebbene elevato – senza dubbio arricchisce la dotazione dell'esemplare, soprattutto in previsione del suo futuro collezionistico ormai imminente e comunque garantito dalla tiratura stessa del modello.

given the work done on the steering which, as already pointed out, is particularly direct and effective, as in any true Alfa Romeo.

Putting to one side the more racing and playful responses, if, on the other hand, you intended to use the car for a journey (which would certainly be an expensive one, not least in terms of fuel consumption) one necessarily had to come to terms with lack of boot space (just 137 litres). Moreover, this space was also very awkwardly shaped and rather inaccessible. This could of course be partially remedied with the Schedoni luggage set that can be accommodated behind the seats (of guaranteed quality given the care taken in its construction and also offered by Ferrari): an optional extra that – although costly – undeniably enriched the model's standard specification, especially in view of its now imminent future as a collector's item, which was in any case guaranteed by its very limited production run.

CURIOSITÀ
CURIOSITY

Tecnica. *Design. Eleganza.* Concetti importanti, essenziali. Ma cosa rappresenterebbero se non fossero affiancati dal *Successo*?
L'immagine delle 8 Competizione e Spider è un volano per la comunicazione gestita dalle agenzie incaricate dal brand. La forza delle immagini, nel marketing, è sinonimo di potere di comunicazione visiva, per questo è importante riconoscerlo e veicolarlo strategicamente.
La forza di un messaggio visivo contribuisce a consolidare la *brand identity* e permette così di distinguersi dai *competitors*. E per questo l'elemento visuale di questa Supercar rende più forte la gamma di Alfa Romeo agli occhi del pubblico, coinvolgendo utenti che – sulla scia del piacere visivo e della tecnica – potrebbero trasformarsi in clienti.

Technology. *Design. Elegance.* Important, essential concepts. But what would they represent if they were not flanked by *Success*?
The image of the 8C Competizione and Spider was a driving force for the communications handled by the agencies commissioned by the marque. In marketing, the strength of an image is synonymous with visual communicative power and is it therefore important that it is recognised and conveyed strategically.
The strength of a visual message contributes to the consolidation of a brand identity and allows that brand to distinguish itself from its competitors. This is why the visual element of this supercar enhances the Alfa Romeo range in the eyes of the public, drawing in individuals who – enticed by visual pleasure and technology – could transform into clients.

Come in molte vetture del passato, il logo del Centro Stile Alfa Romeo adorna la fiancata in corrispondenza della presa d'aria laterale.

As with many cars of the past, the logo of the Centro Stile Alfa Romeo adorns the flanks in correspondence with the lateral air intake.

8C, dizionario per la MiTo

La MiTo è la prima vettura di serie dopo la commercializzazione della 8C Competizione e questo, inevitabilmente, ne influenza stile e comunicazione. Il trilobo, nella 8C, è il biglietto da visita della vettura, chiaro e netto, senza disturbi di altri elementi. È uno di quegli elementi chiave da cui ripartire e che dovevano apparire sull'autovettura quale elemento caratterizzante per il nuovo corso della gamma.

È maggio 2008 e l'icona stilistica e tecnologica della supercar funge da volano per la piccola della Casa, stuzzicando l'attenzione dell'opinione pubblica quanto il mercato su un prodotto di un segmento pressoché nuovo per l'Alfa Romeo, attratta probabilmente dal successo commerciale ottenuto dalla Bmw con un'altra vettura cittadina dall'immagine "chic": la Mini.

8C, roadbook for the MiTo

The MiTo was the first production car to be launched after the 8C Competizione and was inevitably influenced by it in terms of styling and communications. In the 8C, the Alfa trilobe was the car's calling card, clear cut, with no interference from other elements. This is one of those key motifs from which to start out again and which were to appear on the car as a distinguishing feature for the new range.

This was in May 2008 and the stylistic and technological icon of the supercar acted as roadbook for the marque's new small model, arousing the interest of the general public and the automotive market for a product that was inserted in what was a virtually new segment for Alfa Romeo. The marque had probably been encouraged by the sales success enjoyed by BMW with another city car with a "chic" image: the Mini.

L'immagine innovativa della 8C Competizione è un veicolo comunicativo importante per la nuova piccola sportiva del Marchio, la MiTo, e alcuni tratti caratteristici pongono l'accento sul *family feeling* tra le due vetture.

The innovative image of the 8C Competizione was an important communicative vehicle for the marque's sporting new small car, the MiTo, and certain characteristic features emphasise the family feeling between the two models.

È un'auto che, dal punto di vista del design, deve essere a tutti i costi una sorta di rifacimento della 8C; alcuni tratti caratteristici come la forma della vetrata laterale delineata dai vetri a giorni, il "trilobo" del paraurti anteriore, la forma dei proiettori anteriori ma soprattutto della fanaleria posteriore a led pongono l'accento sul forte *family feeling* tra le due vetture.

Sebbene anche il target del possibile cliente sia diverso, è chiaro il richiamo alla ricercatezza di immagine, enucleata anche fotograficamente attraverso una campagna pubblicitaria e social che vede 8C Competizione e MiTo l'una accanto all'altra.

Sarà poi *Quattroruote* a replicare questo abbinamento, commercializzando già a settembre 2008 i due modellini in scala 1:43 nella terza delle speciali uscite che precedentemente avevano visto la vecchia e la nuova Fiat 500 e la Lancia Delta, prima e seconda serie.

The MiTo was a car that from a design point of view, had to be at all costs a kind of remake of the 8C; certain distinguishing features such as the shape of the lateral glazing, delineated by flush window, the "trilobe" in the front bumper, the shape of the headlights and above all the LED rear lights place the accent on the strong "family feeling" between the two cars.

Although the target group is different, there is a clear reference to a sophisticated image, which was also developed photographically through an advertising and social media campaign that saw the 8C Competizione and the MiTo side by side.

It was then to be the magazine *Quattroruote* that replicated this pairing by marketing from September 2008 two 1:43 scale models with the special issues that had previously covered the old and the new Fiat 500 and the first and second series Lancia Deltas.

Particolarmente importante la campagna di immagine che l'Experience Day offre al Marchio, pubblicizzato con cartellonistica nelle concessionarie, oggettistica e spot televisivi.

In terms of image, of particular importance was the Experience Day offered by the marque and publicised through posters in the dealers, gadgets, and television advertisements.

8C Experience Day

L'esclusività del modello induce la Casa a pensare a iniziative di consegna all'altezza della sua ricercatezza. Su richiesta del cliente, infatti, questa può avvenire sulla pista Alfa Romeo di Balocco, in provincia di Vercelli, dove piloti e istruttori professionisti avrebbero illustrato prestazioni e potenzialità della vettura.

A testimonianza dell'internazionalità dell'operazione, il corso si svolge in lingua italiana, oppure - a scelta - in inglese, francese o tedesco. L'opportunità è quella di una giornata interamente indirizzata a scoprire il comportamento dinamico e i valori prestazionali della vettura che, al termine della sessione, sarebbe poi stata ripristinata per la consegna al domicilio al relativo proprietario.

8C Experience Day

The exclusiveness of the model induced the company to come up with delivery initiatives that would reflect its sophistication. At the customer's request, in fact, this could take place at Alfa Romeo's Balocco track in the province of Vercelli, where professional drivers and instructors would illustrate the car's performance and potential.

Testifying to the internationality of the operation, the course was held in Italian, or, on request, in English, French or German. Clients had the opportunity to spend a day entirely dedicated to exploring the dynamics and performance of the car which, at the end of the session, would then be restored for home delivery to its owner.

Quella 8C Blu Notturno

Come anticipato nelle pagine precedenti, sembre-rebbe che l'Amministratore delegato di FCA, Sergio Marchionne, perdendo una scommessa con un amico, abbia dovuto pagare la verniciatura dell'esemplare nel colore Blu Notturno a listino Maserati. Una storia nel-la storia, quindi. La scommessa sembra nasca proprio nello stesso periodo del lancio della 8C Competizione, quando Marchionne incontra uno dei suoi più cari amici per parlargli della possibile ed imminente ac-quisizione della Opel attraverso un'offerta pubblica di acquisto. Sono già insistenti i *rumors* che paventano il possibile accordo tra le società, già unite da importanti sinergie ed economie in scala. Durante quell'incontro, Marchionne propone l'acquisto della nuova supercar al suo interlocutore che rende ancor più interessante l'offerta rilanciando: nel caso in cui l'Amministratore

That Blu Notturno 8C

As mentioned previously, it would appear that the FCA CEO, Sergio Marchionne, lost a bet with a friend and had to pay for an 8C Competizione to be painted in the Maserati shade Blu Notturno. A story within a story, then. The bet seems to have originated around the same time as the launch of the 8C, when Mar-chionne met one of his closest friends to talk to him about the possible and imminent takeover of Opel through a takeover bid. Rumours were already per-sistent about a possible agreement between the companies, which were already united by impor-tant synergies and economies of scale. During that meeting, Marchionne proposed the purchase of the new supercar to his friend, who made the offer even more interesting by raising the stakes: if the FCA CEO was successful in his takeover bid, he would choose

delegato di FCA fosse riuscito nell'intento avrebbe scelto il colore dell'esemplare; qualora non vi fosse riuscito, invece, la scelta sarebbe stata dell'acquirente e tra i colori disponibili dell'intera gamma del Gruppo, non solo quelli Alfa Romeo.

La fusione, come è noto, non avviene e il manager italo-canadese perde senza appello, per la felicità dell'amico che non ha mai creduto alla riuscita del piano. Così, Marchionne deve provvedere a far realizzare l'esemplare 176/500 nel colore scelto (con interni in pelle pieno fiore di colore nero trapuntati, pinze freni di colore giallo e set di valigie coordinato), che viene poi consegnato al suo proprietario sulla pista di Balocco a dicembre del 2010 e, più recentemente, venduto dalla Casa d'aste Wannenes durante l'edizione 2019 della fiera Milano AutoClassica per l'importante cifra di 259.600 euro.

the colour of the car; if he instead he was unsuccessful, the buyer would be free to choose any colour from the Group's entire range, not just the Alfa Romeo shades.

As is well known, the merger did not take place and the Italian-Canadian manager lost his bet, to the delight of his friend who never believed in the success of the plan. Marchionne therefore had to arrange for example #176/500 to be finished in the chosen colour (with a quilted black full-grain leather interior, yellow brake calipers and matching luggage set). The car was then delivered to its owner on the Balocco track in December 2010 and, more recently, sold by the Wannenes auction house during the 2019 edition of the Milano AutoClassica fair for the significant sum of €259,600.

Nato dalla scommessa tra l'AD Marchionne e un amico, l'esemplare 176/500 in colorazione Blu Notturno viene realizzato con una tonalità a listino Maserati.

Born out of a wager between the CEO Marchionne and a friend, example 176/500 was finished in Blu Notturno, a shade from the Maserati paint catalogue.

8C, al cinema

Nel 2011, il regista Neri Parenti è chiamato a dirigere le riprese della commedia *Vacanze di Natale a Cortina*, un cine-panettone prodotto da Luigi e Aurelio De Laurentiis per Filmauro, sedicesima pellicola di un filone iniziato nel 1983 e girato – ancora una volta – nella splendida Cortina d'Ampezzo, nelle Dolomiti.

Per brevi cameo, oltre agli attori protagonisti (tra cui spiccano i nomi di Cristian De Sica, Sabrina Ferilli, Ricky Memphis, Dario Bandiera, Katia Follesa, Valeria Graci, Antonio Giacobazzi e Ivano Marescotti) nel lungometraggio compaiono diversi personaggi famosi (stilisti, nobili, allenatori di calcio, musicisti, presentatori e starlette della televisione) che, al di là degli interpreti principali, arricchiscono una trama tra le più tradizionali e forse un po' troppo ripetitive proposte per le festività natalizie.

Uscito nelle sale il 16 dicembre, il *placement* della pellicola propone diverse vetture del Gruppo FCA, tra cui un'Alfa Romeo 8C Competizione, assegnata proprio al personaggio interpretato da De Sica, un affermato (e farfallone) avvocato romano, Roberto Covelli, in vacanza nello chalet di Cortina con la famiglia, la colf e l'immancabile animale domestico.

8C, on the big screen

In 2011, director Neri Parenti was called to direct the comedy *Christmas Vacation in Cortina*, what in Italy is called a cine-panettone, a holiday film produced by Luigi and Aurelio De Laurentiis for Filmauro. This was the 16th film in a series that began in 1983 and was shot – once again – in the splendid Dolomites town of Cortina d'Ampezzo.

In addition to the leading actors (among whom were Cristian De Sica, Sabrina Ferilli, Ricky Memphis, Dario Bandiera, Katia Follesa, Valeria Graci, Antonio Giacobazzi, and Ivano Marescotti), several VIPs (fashion designers, aristocrats, football coaches, musicians, presenters, and television starlets) made cameo appearances in the film, enriching one of the most traditional not to say repetitive plots proposed for the Christmas season.

Released in theatres on the 16th of December, the film's product placement features several cars from the FCA Group, including an Alfa Romeo 8C Competizione, assigned to the character played by De Sica, a successful Roman lawyer (and playboy), Roberto Covelli, on holiday in his chalet in Cortina with his family, his maid, and his ever-present pet.

Il cine-panettone *Vacanze di Natale a Cortina* è ambientato nella fascinosa Cortina d'Ampezzo, in cui l'immagine dell'auto viene accostata all'esclusività di una località montana che richiama a sé personaggi del mondo dello spettacolo e del jet set.

The Italian Christmas film Vacanze di Natale a Cortina is set in stunning Cortina d'Ampezzo, with the dramatic appeal of the car placed in the context of an exclusive mountain resort thronged by show business stars and jet set VIPs.

8C Scuderia del Portello

L'esemplare numero 24/500 della Scuderia del Portello è forse quello che, più di tutti, porta il modello nelle manifestazioni di tutto il mondo. In colorazione Rosso Competizione, è un biglietto da visita per l'Alfa Romeo e, ovviamente, per la stessa Scuderia, che è un vero "museo dinamico" su tanti tracciati ed eventi motoristici importanti.

Così, proprio in seno alla Scuderia del Portello, nel 2008 nasce l'8C Competizione International Club con cui, negli anni a venire, una dozzina di possessori del modello provenienti dall'Italia, dalla Svizzera e dal Benelux partecipano a diversi appuntamenti (tra questi, nel 2016, il tour della Costa Azzurra abbinato al fine settimana di gara delle Formula 1 storiche in occasione del Monaco GP Historique).

Tornando all'esemplare della Scuderia, oltre ad aver accompagnato i suoi piloti in due edizioni del Monaco GP Historique e a un'edizione della Mille Miglia, ha partecipato anche a diverse edizioni della Coppa Intereuropa

8C Scuderia del Portello

Number 24/500 belonging to the Scuderia del Portello was perhaps the car that, more than any other, took the 8C to events all over the world. Finished in the Rosso Competizione colour, it was a calling card for Alfa Romeo and, of course, for the Scuderia itself, a true "rolling museum" at many important motorsport tracks and events.

It was under the aegis of the Scuderia del Portello that the 8C Competizione International Club was founded in 2008, with which, in the years to come, a dozen owners of the model from Italy, Switzerland and the Benelux countries were to take part in various events (among them, in 2016, the tour of the Côte d'Azur combined with the Monaco GP Historique classic Formula One race weekend).

Returning to the Scuderia's car, in addition to having accompanied its drivers in two editions of the Monaco GP Historique and one edition of the Mille Miglia, it has also taken part in several editions of the Coppa

Ostio voloreseque posam etur adicid moluptate et ullitat excepuditas quiatemque nusam aut venienditem qui omnisquae nus et dolore, nos rat aut que autem quisquibus et faceperrum rehendendit et a nus maionsere consenimil molupic ipsunt lam fugit quia dolupta tibusdam quas apitatur, nusas rat aut que autem quisquibus et faceperrum rehendendit et a nus maionsere consenimil molupic ipsunt lam fugit quia dolupta tibusdam quas apitatur, nusas rat aut que autem quisquibus et faceperrum rehendendit et a nus maionsere consenimil molupic ipsunt lam fugit quia dolupta tibusdam quas.

Ostio voloreseque posam etur adicid moluptate et ullitat excepuditas quiatemque nusam aut venienditem qui omnisquae nus et dolore, nos rat aut que autem quisquibus et faceperrum rehendendit et molupic ipsunt lam fugit exerchiliant utem quo desequia dolupta tibusdam quas apitatur, nusaenditem qui omnisquae nus et dolore, nos rat aut que autem quisquibus et faceperrum rehendendit et molupic ipsunt lam fugit exerchiliant utem quo desequia dolupta tibusdam quas apitatur, nusapic ipsunt lam fugit exerchiliant utem quo desequia dolupta tibusdam quas apitatur, quas apitatur, nusa.

di Monza, oltre a essere stato portato in pista – sempre all'Autodromo Nazionale di Monza – per un importante servizio giornalistico pubblicato su *Gente Motori Classic* di gennaio/febbraio 2014 e dedicato proprio alle supersportive del Biscione.

È anche stata utilizzata da Davide Cironi per il suo format *Drive Experience* dove, per la presentazione del video, il conduttore ha utilizzato la 8C come *safety car* al Grande Raduno Alfa Romeo di Vallelunga organizzato proprio dalla Scuderia del Portello nel 2017.

Ancora: ha partecipato alla Coppa Milano-Sanremo del 2018 e, tra le ultime apparizioni ufficiali, all'Alfa Romeo Anniversary-ACI Storico Festival di Monza, nel 2021. Per ultimo (ma solo in ordine cronologico), è stata protagonista del Milano Monza Motor Show e dell'inaugurazione del nuovissimo Store Alfa Romeo di giugno 2022 in zona Portello di Milano dove, al suo fianco, ha posato anche l'Amministratore delegato dell'Alfa Romeo, Jean-Philippe Imparato.

Intereuropa at Monza, as well as being driven on the track – once again at the Autodromo Nazionale di Monza – for an important article published in *Gente Motori Classic* in January/February 2014 dedicated to the Biscione supercars.

It was also used by Davide Cironi for his *Drive Experience* format where, for the video presentation, the presenter used the 8C as a safety car at the Grande Raduno Alfa Romeo di Vallelunga organised by the Scuderia del Portello in 2017.

The car also featured in the 2018 Coppa Milano-Sanremo and, among its last official appearances, in the Alfa Romeo Anniversary-ACI Storico Festival at Monza in 2021. Lastly (in chronological order only), it was the protagonist in the Milano Monza Motor Show and the inauguration of the brand-new Alfa Romeo Store in June 2022, in the Portello area of Milan where, the Alfa Romeo CEO, Jean-Philippe Imparato, posed alongside it.

Rosso Competizione per l'esemplare 24/500 della Scuderia del Portello, portabandiera in diverse ed importanti manifestazioni automobilistico sportive. Per questo esemplare, la targhetta identificativa è personalizzata in argento.

Rosso Competizione for the Scuderia del Portello car, example 24/500, a standard bearer at various important motorsport events. For this example, the identification plaque was personalised in silver.

Quella realizzata sulla pista di Monza è una foto simbolo per Scuderia del Portello, che coniuga il passato del Marchio con la sua vocazione sportiva.

This photo, taken on track at Monza, symbolises the Scuderia del Portello, conjugating the marque's past with its sporting vocation.

Disco Volante: la *dream car*

Su meccanica derivata dalla 8C Competizione e con oltre quattromila ore di lavoro per ogni singolo esemplare, nel 2013 la Carrozzeria Touring realizza quattro *dream car* Disco Volante. È una coupé a due porte prodotta su ordinazione il cui nome è un tributo alla vettura che, sessant'anni prima, è divenuta icona di stile e sportività del Marchio Alfa Romeo: la 1900 C52, vettura dalle caratteristiche di grande leggerezza ed efficienza aerodinamica.

Nel contempo, l'auto riprende quanto prefigurato da un concept l'anno prima, utilizzando la meccanica della supersportiva, dalla quale non si discosta sia per trasmissione che per motorizzazione. La struttura è rigida e leggera, ideale per ridisegnare un'auto ad alte prestazioni. Ma è la sua linea a fare la differenza. Lo stesso anno, mentre stanno per essere ultimati altri due esemplari, ottiene un primo riconoscimento al Concorso d'Eleganza di Villa d'Este, dove viene esposta la numero 01: il *Villa d'Este Design Concept Award & Prototypes* (l'anno precedente era stata l'Alfa Romeo 4C ad aggiudicarsi il prestigioso riconoscimento).

È il preludio di buon auspicio per le sorti della variante spider che, con linee tese e seducenti, debutta al Salone

Disco Volante: the dream car

In 2013, Carrozzeria Touring produced four Disco Volante dream cars based on mechanicals derived from the 8C Competizione. With more than four thousand hours of work required for each individual example, the two-door coupé was produced to order. Its name was a tribute to the car that, sixty years earlier, became an icon of sporting style for the Alfa Romeo marque: the 1900 C52, a car characterised by extreme lightness and aerodynamic efficiency.

At the same time, the car took up what had been foreshadowed by a concept the year before, using the mechanical specification of the supercar with both the transmission and the engine being retained unchanged. The structure was rigid and light, the ideal foundation for redesigning a high-performance car.

However, it was its styling that made the difference. That same year, as two more examples were nearing completion, car number 01 was exhibited at the Villa d'Este Concours d'Elegance, winning its first design prize: the Villa d'Este Design Concept Award & Prototypes (the previous year the Alfa Romeo 4C had won the prestigious award).

Il design della *dream car* realizzata dalla Carrozzeria Touring viene premiata al concorso d'Eleganza di Villa d'Este e, tre anni dopo, debutta al Salone di Ginevra.

The styling of the Carrozzeria Touring dream car was awarded a prize at the Villa d'Este Concours d'Elegance and, three years later, made its debut at the Geneva Motor Show.

di Ginevra del 2016 per poi esser prodotta in soli sette esemplari. Anche quest'ultima viene premiata con il Design Award al Concorso d'Eleganza di Villa d'Este (2016) e con lo Spirit of Motoring Award al Windsor Concours d'Elegance dello stesso anno.

E se Touring fornisce ai proprietari la documentazione tecnica e i ricambi per componenti e sistemi di sua realizzazione, è la stessa Alfa Romeo a garantire la manutenzione e le riparazioni dei componenti d'origine tramite la rete delle concessionarie.

L'ultimo dei sette esemplari della Disco Volante Spyder in colorazione "Rosso Vulcano" e interni Alcantara nera e pelle (telaio ZAR92000000050451) è stato venduto nel 2021 da Auxietre & Schmidt con poco più di 3600 chilometri e tagliandi eseguiti sempre presso le concessionarie Maserati. Simile la storia dell'esemplare costruito nel 2019 in colorazione "British Racing Green", anch'essa con interni coordinati in pelle e Alcantara, in vendita sempre nel 2021 con circa sedicimila chilometri di percorrenza in una concessionaria svizzera. Due pezzi da collezione di cui non è difficile ipotizzare l'alta richiesta economica.

The coupé provided an auspicious prelude to the open-top variation on this particular theme which, with its taut, seductive lines, debuted at the 2016 Geneva Motor Show and was then produced in just seven examples. This model also won the Design Award at the Villa d'Este Concours d'Elegance (2016) and the Spirit of Motoring Award at the Windsor Concours d'Elegance the same year.

And while Touring provided owners with technical documentation and spare parts for the components and systems it produced itself, it was Alfa Romeo that guaranteed maintenance and repairs of the original components through its official dealer network.

The last of the seven examples of the Disco Volante Spyder finished in "Rosso Vulcano", with a black Alcantara and leather interior (chassis ZAR920000050451), was sold in 2021 by Auxietre & Schmidt with just over 3,600 kilometres on the clock and servicing always carried out at Maserati dealerships. The story of the example built in 2019 and finished in British Racing Green, again with a matching leather and Alcantara interior, is similar. This car was also sold in 2021 with around sixteen thousand kilometres on the clock by a Swiss dealership. Two collectors' items for which it is not difficult to imagine will be in great demand on the market.

MOTORE / *ENGINE*

Numero e disposizione cilindri / *Number and disposition of cylinders*	8 a V di 90° / *90° V8*
Cilindrata / *Displacement*	4691 / *4691 cc*
Posizione / *Position*	Anteriore longitudinale / *Front longitudinal*
Diametro x corsa / *Bore x stroke*	90 x 84,5
Rapporto di compressione / *Compression ratio*	11,2:1
Potenza massima CV-CEE (kW-CEE) / *Maximum power HP-EEC (kW-EEC)*	450 (331) a 7000 giri/min / *450 (331) at 7000 rpm*
Coppia massima / *Maximum torque*	48,9 kgm (480 Nm) a 4750 giri/min / *48.9 kgm (480 Nm) at 4750 rpm*
Distribuzione (comando) / *Valvegear (drive)*	4 valvole a V per cilindro, due assi a camme in testa per bancata, punterie idrauliche, fasatura variabile, cinghia dentata *Four valves per cylinder in V formation, twin overhead camshafts per bank, hydraulic tappets, variable phase timing, toothed belt*
Alimentazione / *Fuel system*	iniezione elettronica / *Electronic fuel injection*

TRASMISSIONE E FRENI / *TRANSMISSION AND BRAKES*

Trazione / *Traction*	Posteriore / *Rear-wheel drive*
Architettura / *Architecture*	Transaxle
Cambio / *Gearbox*	MTA robotizzato sequenziale a 6 marce + rm con comandi a bilancieri su piantone sterzo *Robotised MTA sequential, six speeds + reverse with paddle controls on the steering column*
Freni disco con Abs, Asr, Vdc integrati / *Disc brakes integrated ABS, ASR, VDC* Anteriore / *Front*	360 (carboceramici CCM, autoventilanti) / *360 (CCM carbon ceramic, self-ventilating)* 380 (su 8C Spider) / *380 (on 8C Spider)*
Posteriore / *Rear*	330 (carboceramici CCM, autoventilanti) / *330 (CCM carbon ceramic, self-ventilating)* 360 (su 8C Spider) / *360 (on 8C Spider)*
Frizione / *Clutch*	Bidisco a comando idraulico / *Hydraulic twin-plate*
Lubrificazione / *Lubrication*	Forzata, carter umido / *Pressurised, wet sump*
Pneumatici / *Tyres*	245/35 R20 anteriore / *front* 285/35 R20 posteriore / *rear*

AUTOTELAIO / *ROLLING CHASSIS*

Corpo vettura / *Chassis*	Scocca portante di carbonio con telaio in lamiera d'acciaio. Plancia in carbonio / *Carbonfibre tub with sub-frames in sheet steel. Carbonfibre dashboard*
Carrozzeria / *Bodywork*	Coupè o Spider (2 posti) / *Coupè or Spider (two seats)*
Sospensioni avantreno / *Front suspension*	a ruote indipendenti, con bracci trasversali, molla elicoidale, barra stabilizzatrice (quadrilatero) *Fully independent, with double wishbones, coil springs and anti-roll bar*
Sospensioni retrotreno / *Rear suspension*	A ruote indipendenti con bracci trasversali, molla elicoidale, ammortizzatori idraulici telescopici (quadrilatero) *Fully independent with double wishbones, coil springs and telescopic hydraulic dampers*
Lunghezza massima (mm) / *Maximum length (mm)*	4381
Larghezza massima (mm) / *Maximum width (mm)*	1892
Altezza a vuoto (mm) / *Dry height (mm)*	1341 (1308/1366 per 8C Spider) / *(1308/1366 for the 8C Spider)*
Passo (mm) / *Wheelbase (mm)*	2645
Carreggiata anteriore (mm) / *Front track (mm)*	1590
Carreggiata posteriore (mm) / *Rear track (mm)*	1589
Capacità serbatoio carburante (litri) / *Fuel tank capacity (litri)*	88
Capacità bagagliaio (dm^3) / *Boot capacity (dm^3)*	137
Sterzo / *Steering*	A cremagliera, servocomando idraulico / *Rack and pinion, hydraulic servo*
Diametro sterzata tra muri (m) / *Turning circle (m)*	11,3
Distribuzione pesi / *Weight distribution*	49 % anteriore - 51 % posteriore / *49 % front - 51 % rear*
Peso vettura (kg) / *Weight (kg)*	1585

PRESTAZIONI / *PERFORMANCE*

Velocità massima dichiarata (km/h) / *Declared maximum speed (kph)*	292 (290 km/h per la 8C Spider) / *292 (290 kph for the 8C Spider)*
Accelerazione (due persone + 20 kg) / *Acceleration (2 occupants + 20 kg)* 0-100 km/h / *0-100 kph* 0-200 km/h / *0-200 kph*	 4,1 secondi / *seconds* 15,1 secondi / *seconds*

Finito di stampare
Printed by
D'Auria Printing
Febbraio/February 2023